FOOTBALL FRANÇAIS

34-36, rue La Pérouse
75116 Paris
www.hugoetcie.fr

Collection Hugo Poche dirigée par Franck Spengler
Ouvrage dirigé par Bertrand Pirel
Graphisme de couverture : Emmanuel Pinchon
Photo de couverture : © Ariane Galateau/Hugo&Cie

ISBN : 9782755689495
Dépôt légal : septembre 2021
Imprimé en Espagne par Blackprint

a abandonné la culture et « l'intellect » aux communistes. Un « partage » historique des rôles de chacun. Des années plus tard, Maurice Herzog, ministre des Sports, fidèle soutien du Général, préférera la promotion de l'olympisme aux dépens du football, sport décidément mineur. Philippe Séguin sera le premier homme politique à oser avouer son amour du foot. On ne se souvient même pas qu'il avait, en 1973, livré un rapport sur le développement et la régulation du football français qui posa notamment les bases de notre système de formation.

Quand, au début des années 2000, développant le projet sportif du club de Lille, Michel Seydoux a souhaité faire construire un nouveau stade, il s'est heurté de plein fouet au blocage historico-culturel. Homme fort du nord de la France, Pierre Mauroy n'entendait rien et ne voulait rien savoir du foot.

Dans la région, pour résumer, c'est un peu comme si on avait décidé que Lille devait échapper à cette activité diabolique. Le ballon rond roulerait à quarante kilomètres de là, à Lens. Chez les mineurs, là où il n'y a rien à faire à part aller au stade. C'est curieux qu'on ait trouvé curieux qu'au fil du temps le peuple se soit détourné du PS, non ?

Homme d'affaires et de culture, Michel Seydoux a toutefois fini par vaincre les réticences. Et quand il a fallu donner un nom à ce nouveau stade, Martine Aubry (qui, elle, adore descendre dans les vestiaires du LOSC après les matches) s'est battue pour que ce soit le stade Pierre-Mauroy. Un comble.

Le foot traîne sa réputation sans lutter. Les instructions officielles organisant la pratique des activités physiques et sportives depuis 1945 intégraient les jeux collectifs soit comme un divertissement, soit en soutien d'une éducation physique rationnelle, sérieuse, seule susceptible de développer les qualités athlétiques de l'être humain.

Le football a donc tardé à être reconnu comme une pratique sociale digne d'intérêt. Longtemps, il n'a été que le sport d'« en bas ». Il n'est auréolé d'aucun prestige. Combien de fois ceux qui voulaient défendre le foot ont-ils été obligés de rappeler qu'Albert Camus avait joué gardien de but et que Jacques Derrida avait dit un jour qu'il avait rêvé d'être footballeur ? Ouf, on a deux auteurs en soutien ! Le corps d'un côté, l'esprit de l'autre, classique dichotomie française.

C'est entendu, le sport n'est pas prioritaire et le foot encore moins. Parce qu'il fait office de lien entre l'université et le terroir, le rugby bénéficie d'une meilleure image. Et puis, il n'a pas été gangrené par l'argent, lui. C'est faux, mais on aime se mentir. Le Tour de France, parce qu'il symbolise la France d'en bas, sera sauvé coûte que coûte. S'il faut sacrifier un monument, ce sera Roland-Garros. Paris, argent, élite, ce n'est pas dans l'air du temps.

DANIEL RIOLO

CHER FOOTBALL FRANÇAIS

Hugo Poche

« Sur le foot, il n'est personne qui n'ait pas sa petite idée sur le sujet et qui ne se sente pas en mesure de tenir des propos qui se veulent intelligents »

Pierre Bourdieu

« Le foot français n'a pas un problème d'argent, mais un problème historique et culturel »

Paul Dietschy, *Histoire du football*

« Voici un livre qui ne plaira à personne, ni aux intellectuels, qui ne s'intéressent pas au foot, ni aux amateurs de foot, qui le trouveront trop intellectuel »

Jean-Philippe Toussaint, *Football*

On aurait dû comprendre. On devait se douter que ça finirait comme ça. Quand, le 28 avril, le Premier ministre Édouard Philippe a annoncé à l'Assemblée nationale la fin de la saison 2019/2020, on n'avait pas le droit d'être surpris.

Pourtant, entre le vendredi 13 mars, moment choisi par les dirigeants du foot pour acter l'interruption de la saison en pleine expansion de la pandémie de Covid19, et la décision finale du gouvernement, la Ligue n'a fait que travailler au scénario d'une reprise progressive. Cette saison 2019/2020 devait et allait se terminer. Quelques jours avant l'intervention du Premier ministre, l'optimisme régnait à la LFP. Et puis, la tendance s'est inversée et la porte s'est fermée. Après le report de Roland-Garros et du Tour de France, deux monuments de notre sport, le foot a basculé dans la saison suivante.

On n'avait pas le droit d'être surpris. Une semaine plus tôt, le jeudi 23 avril, la ministre des

Sports, Roxana Maracineanu, déclarait que le sport n'était pas prioritaire dans les décisions prises par le gouvernement. Ça sentait mauvais. Cette vieille odeur bien de chez nous que le sport n'est qu'une futilité. Ce vieux rapport historique que je pensais dépassé. J'ai eu tort. *La tête et les jambes,* ça marche encore !

Le jeu a existé pendant quasiment vingt ans à la télé. Ça suffit à faire un fond de pensée. Le pitch est simple et évocateur. Un candidat répond à des questions et s'il échoue, un sportif peut rattraper le coup. On l'aura compris, le mec important, c'est celui qui répond à la question ; l'autre, c'est le bourrin. Le sportif, c'est toujours un peu Mario David dans *Oscar*. Et tenez-vous bien, pour poser la question « compliquée », on a un journaliste, un vrai. Pour parler des « jambes », on a un autre journaliste, sportif. Un inférieur. L'image est saisissante, non ?

Cette emprise culturelle dirige encore largement, telle une gangrène mentale, la réflexion intellectuelle dans notre pays.

L'ordre culturel n'a jamais été favorable au sport et encore moins au football, victime permanente d'une forme de déconsidération, de dévalorisation historique dans laquelle la culture française l'a enfermé. Activité ludique, accessoire, en aucun cas réellement respectable. Un fruit de l'histoire. Quand il a relevé la France au milieu du néant, De Gaulle

Le foot rassemble trop de déviances pour être bien vu. Il a beau être le sport le plus populaire, celui qui fédère le plus les Français quand les Bleus brillent, son image est déplorable. Il est vrai que l'équipe de France, ce n'est pas pareil. C'est service public. Le foot de clubs, c'est du privé. C'est du fric. Beaucoup trop. C'est de l'indécence à la gueule du peuple. Une perversion ou une mauvaise récupération du concept de *Common Decency*. La France est devenue un pays où la moitié de la population vote aux extrêmes, droite et gauche. Le populisme et son pote démago sont à la mode. Et l'idée selon laquelle il suffirait d'être pauvre pour être honnête m'emmerde. Surtout quand elle est promue avec hypocrisie par les élites intellectuelles qui ne connaissent « le peuple » qu'à travers le cinéma et *Libération*. Ces sapiteurs qui ne veulent pas admettre que ce peuple vote maintenant principalement à l'extrême droite.

Le foot de clubs, la Ligue, la Coupe d'Europe et tout ce que cela draine vont à l'envers de l'opinion. Même les supporters ultras ont tourné le dos. Très vite après l'interruption de la saison, un communiqué commun aux groupes ultras a fait savoir qu'ils ne voulaient pas revoir de foot en France. Animés par des idées politiques extrémistes, ces groupes ne voulaient pas entendre parler de matches à huis clos. C'était le seul argument fort avancé. Cela pouvait s'entendre. La suite, qui faisait référence à la gestion des clubs et à l'argent dans le foot, était nettement plus discutable. Ce discours un peu niais, loin de la réalité, relevait sans doute du propos de première année de fac, mais il traduisait surtout les premières fissures qui allaient conduire à l'annulation de la saison.

***

« Parle de sport, de foot, ne te risque pas à autre chose. » Je connais cette musique par cœur. *« Ne mêle rien avec rien. »* Le foot, c'est le terrain. Il ne devient objet politique que quand on décide de le récupérer. Un fait social ? Ah bon ? L'amateur de foot n'est pourtant qu'un décérébré qui ne voit pas plus loin que le rectangle vert. C'est un peu le discours que m'a tenu le directeur des sports de Canal+, Alexandre Bompard, à l'été 2007. Journaliste à TPS, je devais être absorbé par Canal, qui venait de nous racheter. Protégé par mon statut de délégué du personnel, j'étais à coup sûr repris par ma nouvelle maison. Le premier rendez-vous avec mon nouveau patron pouvait m'offrir l'occasion de présenter une idée d'émission. Et si on allait un peu plus loin que le terrain ? Si on parlait foot, mais en prenant du recul ? La politique, l'économie, l'histoire, les interférences sont nombreuses et intéressantes. Mon idée fut bâchée en deux minutes chrono : *« Les gens ne s'intéressent qu'au terrain. Le résultat du match, le commentaire, ça suffit*

largement. Je suis sûr que si vous allez dans la rédaction (Il indiqua le lieu avec la pointe du menton et un mépris évident), *vous ne trouverez personne pour s'intéresser à autre chose que le terrain.* » Le ballon roule et c'est déjà bien assez. Merci monsieur et au revoir. Je n'ai jamais intégré Canal. En compagnie de Gilbert Brisbois, on est allé voir si les portes ne pouvaient pas être poussées ailleurs. Mais même dans l'*After*, la charte initiale était d'être une tribune de supporters. Un « après match ». Rien de plus. On a doucement élargi le champ de vision. Et les bonnes audiences nous ont autorisés, sans le dire, à voir plus loin que le terrain.

Les domaines sont cloisonnés, réservés. Entre 2001 et 2003, j'ai navigué dans ce qui était appelé par les élus du sérail, sans second degré et sans fausse modestie, la Grande Maison. Radio France. France Info, France Inter, deux des acteurs majeurs de la scène radiophonique en France. Un endroit de pensée dominante. Un entre-soi pour, comme disait la pub, *« ceux qui en ont entre les oreilles »*. Là-bas, j'ai vu de près le mépris de classe. J'étais dans le bureau des sports, celui au fond du couloir. Il n'y a pas de fond puisque la maison est ronde, mais peu importe, on avait vraiment l'impression d'être au fond. *« Salut les sportifs ! »* Qu'est-ce qu'elle m'a fait chier, cette phrase lâchée avec le sourire du connard par les « vrais » journalistes qui passaient devant ce « faux » service info. Ils devaient penser qu'on avait eu notre diplôme en étant derniers de la classe. Un peu comme quand on dit que les mauvais flics font la circulation ou la fourrière.

Cette condescendance permanente m'avait poussé, avec mon ami et ex-collègue Richard Place, à une petite blague. Lors d'une pause café en compagnie des membres du service culture, on avait feint l'étonnement devant leur méconnaissance de l'auteure britannique Enid Blyton. *« Non mais c'est une blague, tout le monde ne parle que d'elle à Londres. C'est incroyable. Vous n'avez toujours pas traité ça dans vos chroniques ? »* On avait ensuite regardé s'éloigner nos confrères vers leur service plein de savoir. Têtes baissées, penauds, ils allaient se mettre immédiatement sur le coup et appeler les attachés de presse qui n'avaient pas envoyé ces chefs-d'œuvre contemporains. Ils ne connaissaient donc pas l'auteure de la série *Oui-Oui*.

En 2019, pendant trois mois, j'ai participé aux *Grandes Gueules* sur RMC. La mécanique de l'émission est connue et fait son succès depuis des années. Autour de la table, des gens qu'on dit de la « société civile » débattent de l'actualité, et donc aussi de politique. Ils représentent tous les milieux sociaux. Eux ont le droit de parler de tout. Pour moi, journaliste « foot », ce fut moins vrai. En quelques semaines, je me suis accroché deux fois avec des invités : Alexis Corbière et Ian Brossat. Un trotskiste « robespierriste » de La France insoumise et un bobo du Parti communiste. Le premier cherche à me disqualifier en me ramenant au foot et au PSG « made in Qatar ». L'autre se déclare fier de l'histoire de son parti et s'agace quand je lui demande s'il est également fier du fait que son parti ait collaboré pendant la guerre. J'aurais bien aimé argumenter, parler du pacte germano-soviétique, de ces communistes qui avaient les mêmes ennemis qu'Hitler, à savoir les capitalistes, les banquiers, Londres, De Gaulle et les juifs. De ce PC qu'on trouve « sympathique », de son chef historique Georges Marchais parti volontairement travailler avec les nazis en 43. De Thorez le déserteur. De ce parti qui a couvert avec l'appui d'une grande partie des intellectuels de ce pays tous les massacres des régimes rouges pendant quarante ans. Le format de l'émission n'a pas permis l'explication et je suis passé pour un méchant approximatif. Le PC, l'extrême gauche dans son ensemble, c'est toujours sympa en France. C'est comme un délire de jeunesse. Le diable est de l'autre côté. Je tiens à garder le droit de ne pas distinguer le rouge du brun, quitte à passer pour un chien, comme disait Jean-Paul Sartre.

L'histoire m'a valu quelques jours d'insultes sur Twitter. Le journal *Libération* est allé chercher une résistante, Odette Nilès, pour me donner la leçon sur les communistes résistants. L'émission qui détient la vérité, *Quotidien*, m'a interrogé. Ils voulaient savoir qui était ce journaliste « foot » qui avait ainsi dérapé. Je ne suis pas passé loin d'être convoqué par Marx pour la fameuse question : *« D'où parles-tu, camarade ? »* Ils voulaient savoir si je n'avais pas honte d'avoir sali la mémoire de cette pauvre Odette Nilès. J'ai répondu que des grands-parents communistes et partisans, c'était facile à trouver. J'avais les miens. Ils avaient échappé au massacre de Portella della Ginestra le 1er mai 1947. En matière d'histoire du PC, je suis donc bien loti. Et je n'ai besoin ni de Ian Brossat, qui assurément ne sait rien de l'histoire de son parti, ni de *Quotidien*, ni de la très respectable Odette Nilès qu'on a dérangée pour rien.

Cet épisode a fait un buzz retentissant. Le CSA a été saisi par des hordes de factions rouges. Le message s'est alors résumé à quelque chose de très banal : *« Que le facho retourne au foot. »* De l'aile gauche du PS jusqu'à la pointe de l'extrême gauche, si on s'oppose à leurs idées, on est indubitablement un fasciste. Ça a le mérite d'être clair. Une semaine plus tard, sur le même plateau des *Grandes Gueules*, le philosophe Michel Onfray m'a soutenu publiquement. J'en ai tiré une certaine fierté. Mais ça ne m'a pas empêché de retourner au foot. *La tête et les jambes*, ça marche encore en 2020 ! Ces épisodes, ajoutés à celui de ma vanne pourrie sur une copine de Neymar, ont eu raison de ma tête. Je ne me suis pas aidé, je dois l'avouer.

***

J'ai récemment revu le chef-d'œuvre de Visconti, *Le Guépard*. Et quand le prince de Salina balance sa célèbre réplique *« Leur vanité est plus forte que leur misère »*, j'ai pensé à nos présidents de L1. Associer une telle œuvre à la vie de nos clubs, j'avoue que c'est tordu. Ça doit être ça, la déformation professionnelle.

Si, durant cette crise, rien n'a tourné en faveur de nos clubs, il faut surtout noter que « notre monde » n'a rien fait pour se montrer à son avantage. Nos dirigeants, nos joueurs sont plutôt rustres en matière d'élégance. Du genre à se rendre à un mariage en survêtement. Et pendant que dans quelques grands clubs européens, les joueurs consentaient des efforts importants sur leurs rémunérations pour venir en aide aux autres salariés, chez nous, aucun n'allait clairement dans ce sens. Quelques dons par-ci par-là, mais rien de concret, à part un accord arraché et peu significatif obtenu par le syndicat des joueurs. Un accord dont on ne connaîtra jamais les signataires.

Au moment de décider de l'avenir de notre foot dans la crise, le gouvernement a donc trouvé face à lui l'égoïsme des dirigeants de clubs, la cacophonie de la Ligue et une absence de conscience des joueurs.

Cette crise sanitaire aura finalement révélé l'exacte nature des uns et des autres. La plupart des dirigeants ont semblé complètement dépassés, incapables d'accepter la situation de crise telle qu'elle était et non pas telle qu'ils voulaient qu'elle soit. L'incertitude les a rendu fous. Chacun a pensé à ses petits intérêts personnels. Il n'y avait plus rien d'autre à faire que de les regarder s'effondrer. À les entendre, si le foot s'arrêtait, les clubs pouvaient s'écrouler ; mais qu'ont-ils fait pour éviter ça ?

Rien. Pire, ils ont même participé à sa perte. Et quand partout en Europe, on s'est donné une chance de reprendre en repoussant la décision finale, en France, on a tout arrêté fin avril. Incohérent et illogique.

Aucun président ne s'est réellement battu pour entretenir l'espoir d'une reprise. Aucun joueur n'a manifesté son envie de remettre les crampons. Le terrain culturel est miné et inconsciemment ou non, les présidents sont allés à l'encontre de leurs intérêts pour éviter de froisser l'opinion dominante qui se résumait à : *« Le foot c'est mal, c'est pas important, on peut s'en passer »*. L'image des millionnaires qui tapent dans un ballon est ancrée au plus profond de notre mentalité.

Et comme s'il était impératif de le préciser sans cesse, tous s'empressaient de mettre en avant l'argument sanitaire. Ils jouaient au médecin de peur du procès en indécence.

Alors si aucun des acteurs du foot n'est venu défendre son sport, qui allait le faire ?

Durant cette crise, Jean-Michel Aulas a parfaitement symbolisé la médiocrité et l'inconstance des dirigeants. Il a d'abord déclaré qu'il ne voyait pas comment le foot pouvait continuer. Anticipant un arrêt de la saison, il a demandé à ce que celle-ci soit qualifiée de « blanche ». Il protégeait ainsi ses intérêts et visait une place en Coupe d'Europe qu'il n'avait pas obtenue sur le terrain. Plus on se dirigeait vers une fin de saison anticipée, plus il se voyait en visionnaire. Ses plus fidèles disciples se relayaient sur les réseaux sociaux pour crier au génie ! Une fois qu'Édouard Philippe a tout arrêté, il a fallu, au prix de calculs insensés, essayer de récupérer une place en Coupe d'Europe. Jusqu'au bout, il a cru en son pouvoir fort. Jusqu'au bout, il a échoué à comprendre ce que le monde du foot dit depuis longtemps : Aulas est seul et plus personne ne l'écoute.

C'est quand le combat fut perdu qu'Aulas a clarifié son propos. Le président de l'OL s'est battu pour faire annuler la décision du gouvernement validée par la LFP. Des recours juridiques ont été déposés. Aulas semble retrouver la raison. Il devient enfin excellent, notamment quand il écrit au Premier ministre. Il fallait évidemment attendre et se donner une chance. Une fois la maison en flammes, il est allé chercher de l'eau avec un seau. Évidemment, il a eu raison, mais trop tard.

Le discours « sanitairement correct » les a tous emportés. Ils se sont tous noyés dans la boue démagogique. Aulas n'a jamais mené les bons combats ou alors dans le désordre et surtout très seul. Mais après tout, et peu importe quand, il a ouvert les yeux tandis que les autres disparaissaient, acceptant sans broncher l'absurde décision du gouvernement. Personne ne s'est opposé. Certains ont même fait pression pour l'arrêt. Sylvain Kastendeuch est devenu le grand manitou du foot français. À grands coups de phrases d'une banalité affligeante, le co-président du syndicat des joueurs a creusé la tombe de notre foot dans *Le Monde* du 20 avril. Peu importe l'économie, il faut arrêter. Ce même syndicat corporatiste qui, par ailleurs, n'arrive pas à obtenir une baisse des salaires des joueurs. Un mois plus tard et alors qu'ailleurs en Europe, des gros clubs ont vu leurs joueurs baisser leurs salaires, chez nous, à Marseille, Lyon, Paris, les négociations traînaient encore.

Sorti d'un anonymat qui lui allait pourtant à merveille, Kastendeuch est devenu le fossoyeur du foot français. S'appuyant sur une étude dont on ne connaît pas l'origine, il déclare que les pertes économiques seront comblées par le nouveau contrat des droits télé. Une analyse étonnante. En additionnant billetterie, revenus commerciaux et droits télé, on n'est pas loin d'un trou de 500 millions d'euros. Il paraît que l'économie, c'est sale et pas important, mais ça ne peut pas autoriser à raconter n'importe quoi. L'idée que le contrat dit Mediapro de 1,153 milliard d'euros pourrait compenser les pertes dues à l'arrêt de la saison relève de la folie !

Droits télé et ventes de joueurs, voilà ce qui fait principalement vivre notre foot. Mais comment croire que le mercato va fonctionner normalement après une telle crise sanitaire et économique ? On se dirige plutôt vers une liquidation des stocks.

En panique, certains présidents ont vite compris que le mercato devenait vital. Le 10 mai, Bernard Caïazzo, co-président de Saint-Étienne et patron du syndicat Première Ligue (sorte de MEDEF du foot), déclare qu'il faut s'adapter aux autres championnats. Les dates du mercato doivent devenir aussi extensibles que possible puisqu'il est vital de vendre des joueurs ! Notre Ligue 1 devient ainsi officiellement un magasin outlet d'une pauvre zone industrielle. Une braderie permanente.

Mais le fossoyeur Kastendeuch n'a que faire de tout ça. Pour lui, ce qui compte, c'est que le joueur soit payé à la fin du mois. Il semble se moquer de participer à l'effort de sauvetage de son secteur d'activité en acceptant des baisses importantes de salaire. Où est la solidarité des joueurs à l'égard de leurs clubs quand ils réclament la fin de la saison ? Peut-on oser évoquer l'amour du maillot, du club et des supporters ? Il est vrai que la frange extrême de ceux-ci a elle aussi réclamé l'arrêt de la saison.

« Nous supporters, on sera toujours là. » Oui, même après le dépôt de bilan, même après le licenciement de pas mal d'employés du club, ils seront toujours là. Les joueurs, eux, seront partis.

Enchaînant les phrases lénifiantes, Kastendeuch termine sa pauvre réflexion par un coup de massue : *« Sans les footballeurs, il n'y a pas de football. »* On est sous le choc. Mais sans les clubs qui les forment, les engagent, les payent et prennent part aux compétitions, il n'y a plus rien !

L'ancien défenseur de Metz n'a pas trouvé de contradicteur. Au moment de sa sortie médiatique, le contexte était chargé émotionnellement et peu propice à un débat raisonnable. Mais en plein cœur d'une pandémie qui faisait des ravages, ne fallait-il pas juste se donner du temps ? Pourquoi tout le monde a attendu autour de nous alors que nous, on a tranché ?

Tout le monde s'est donc couché. Fin mai, alors qu'heureusement le virus devient moins dangereux, Aulas hurle encore. À juste titre. En Allemagne, ça joue. En Italie, en Espagne, ça reprend. En Angleterre aussi. *« On est les seuls cons »*, allume le boss de l'OL. En secret, certains de nos dirigeants prient pour que ça se passe mal ailleurs. Le co-président du syndicat, Philippe Piat, étouffé jusque-là par Kastendeuch, réplique qu'on verra plus tard *« si on a été cons »*. Heureusement que c'est lui qui l'a dit. Je n'aurais pas osé. Peu importe qui a raison ou tort, qui est con ou pas : il fallait juste réfléchir et se donner du temps.

Notre foot va ensuite empiler toute la bassesse et la mesquinerie du monde. Plus de match, plus de droits télé. Canal et BeIn Sports, les diffuseurs, ne veulent plus payer pour un produit amputé. Les abonnés qui n'ont plus de foot, eux, continuent pourtant à payer. Pour cirer le cul de ses supporters, à Saint-Étienne, Roland Romeyer annonce que même en août, pour la finale de la Coupe de France que le président Le Graët a programmée tout seul, il ne viendra pas jouer. Et comme dans le même temps, il dit qu'il ne sera pas forfait, on ne comprend plus rien.

Derrière la folie ambiante, les masques tombent doucement. Les petits clubs ne sont finalement pas gênés par l'arrêt du foot. Eux avaient déjà encaissé l'argent des télés. Reste à vendre deux ou trois joueurs et ça ira. La plupart des clubs de L1 ne sont pas là pour viser la performance sportive. C'est un leurre à faire avaler au peu de supporters qui viennent au stade. On vivote, on fait plaisir à Micheline de la compta en équilibrant au mieux les colonnes crédit/débit. Le reste…

Les réunions s'enchaînent, les dirigeants se déchirent. On cherche à savoir qui sont les présidents qui ont influencé le pouvoir dans sa décision. Aulas voit un complot. Pourquoi les présidents de l'OM, du PSG, de Bordeaux, de Monaco ne se sont pas battus pour la reprise ? Pour le PSG, l'argent n'est pas un problème. Les autres anticipent sur l'oseille de Mediapro et vont vendre leurs joueurs. Ils actent ainsi qu'ils n'auront plus d'ambitions sportives et que notre L1 n'est qu'une fabrique à joueurs.

On parle d'un monde meilleur. Pour faire avaler la pilule de la mort de notre foot, on promet qu'on sera peut-être morts, mais qu'au moins on sera meilleurs. Entendez par là : plus humains. On en revient toujours à ça ! À notre tropisme français. Le foot et l'argent qui traîne autour, c'est pas bien. Ce foot-là s'oppose au monde meilleur qu'on veut nous vendre. *« Faites-nous confiance pour construire un nouveau monde professionnel. »* Le samedi 9 mai 2020, dans *Le Figaro*, Steve Mandanda, 300 000 euros par mois, réfractaire à une baisse de salaire durant la période sans match, est sur la photo. À côté de lui, Laurent Koscielny, la conscience à gauche, quatre ans de contrat signé à 34 ans pour 350 000 euros mensuels. Avec eux, l'homme fort du moment, le fossoyeur Sylvain Kastendeuch.

L'article est incroyable de mièvrerie, de guimauve dégoulinante. C'est écœurant. Au hasard : *« Cette période nous a permis à tous de prendre du recul, de réfléchir à l'avenir. Elle a mis en lumière la dimension humaine de notre métier. Nous ne sommes pas des marionnettes. On peut faire changer les choses demain, sur le terrain et en dehors »*, clame Koscielny !

Mais changer quoi ? Sur quel terrain, en dehors de quoi ?

Il précise : *« Nous serons solidaires des mesures prises pour rendre notre football plus vertueux. »*

Ce ramassis de bons sentiments dénués de sens et d'intérêt est coiffé par l'inusable Kastendeuch : *« Le foot pro doit changer en profondeur s'il veut sortir vainqueur de cette crise... il faut travailler à la valorisation du statut de footballeur-homme. »*

Et avec qui on fait ça ? Avec les joueurs qui ne pensent qu'à quitter la France pour aller valoriser leur statut en prenant un 0 de plus sur le chèque ? On ajoute de la vertu en demandant à un diffuseur de mettre moins d'argent et on coule ainsi toute une économie ? Dans le contexte de concurrence européenne, on fait quoi ? On rivalise avec la Bulgarie ? La Roumanie ? Ça nous rendra plus vertueux ? On crée un *salary cap* tout seuls en L1 pendant que les autres ne le font pas ? Quand il reçoit 10 millions d'euros du gâteau « droits télé » pour faire fonctionner son association corporatiste, il fait dans la vertu, monsieur Kastendeuch ?

Le 21 juin, c'est dans *Le Monde* que Michel Platini, bien plus lucide, balaiera d'un revers de main ces élucubrations ridicules : *« Le Covid n'aura aucune conséquence à long terme sur le football. »*

Le monde nouveau, celui de la vertu retrouvée. Mais pourquoi ? Qu'y a-t-il de si terrible dans le foot « d'avant » ? Pourquoi tout ce cirque autour d'un ballon à faire tourner autrement ? Pourquoi cette autocritique permanente qui s'assimile à une autoflagellation ? Se « réinventer », se « réformer », se « rationaliser », « retrouver l'économie réelle »… Le sous-entendu est qu'il faut changer le modèle économique du sport et notamment celui du football. Jamais à court d'une prétention hors norme, nos vertueux entendent également changer le foot en Europe. Rien que ça ! Allez, on connaît la rengaine : *« Il y a trop d'argent dans le football. »* Joueurs trop payés, trop de transferts indécents. Trop c'est trop, le foot est par essence coupable.

Qu'en est-il vraiment ? Faut-il se fouetter ? Si ce foot moderne est à ce point horrible, est-ce à dire qu'il faut regretter celui d'avant ? Mais lequel, au juste ?

Celui des années 1960-1970, avec des footballeurs plutôt mal payés, à propos duquel Raymond Kopa déclarait : *« Les joueurs sont des esclaves »* ? Les luttes de l'époque permirent aux footballeurs, les travailleurs du football, de s'approprier enfin le fruit de leur travail. *« Le football aux footballeurs »* était un slogan de mai 1968. Philippe Piat, l'actuel co-président de l'UNFP, était déjà là !

Les « méchants » footballeurs, ceux qui gagnent des millions, sont minoritaires. Les autres ont, au mieux, dix ans pour penser au reste de leur vie.

Il ne s'agit pas de pleurer sur leur sort, mais juste de redimensionner. Entre 50 000 et 90 000 euros par mois en moyenne en Ligue 1 pour dix ans de carrière maximum et quarante à cinquante ans à vivre derrière. On n'est ni face à une escroquerie, ni face à une gabegie, si tant est que ce soit une bonne idée de pratiquer le sport national consistant à regarder dans le portefeuille du voisin.

Baisser les salaires des superstars permettrait-il de réduire les inégalités ? Mais les baisser où ? En France ? Neymar et Mbappé, trop payés ! Eh bien, qu'ils aillent fricoter avec l'indécence ailleurs ! Le talent est mieux payé partout, pourquoi le foot échapperait à ça ? Les stars attirent le public. Les gens veulent voir ces grands joueurs, au stade ou à la télé. Ce n'est pas propre au football : les activités artistiques fonctionnent sur le même modèle. On appelle ça « l'effet Pavarotti » (*winner takes all*).

De la même façon, les transferts « inacceptables » sont finalement peu nombreux. 10 à 15 % des mutations de joueurs sont des transferts payants, 20 % sont des prêts et le reste (entre 65 et 70 %) sont des transferts libres. La plupart des transferts payants se font dans les gros championnats et sont inférieurs à dix millions d'euros.

Si la rubrique transferts a autant de poids en France, c'est parce que le trading est devenu notre modèle. La déshumanisation du foot français, c'est un choix économique ! Ce n'est pas le système qui est pourri, c'est la logique industrielle dans laquelle on s'est enfermé. Pourquoi ? Parce qu'on n'a rien fait pour s'améliorer sportivement. On a pensé à vendre des joueurs avant de penser au jeu. On a pensé à remplir les stades sans penser à ce qu'on allait proposer comme spectacle. L'économie n'est pas l'ennemi. C'est l'incompétence de nos dirigeants qui l'est !

Depuis des années, on les entend se plaindre qu'on ne se bat pas avec les mêmes armes que nos concurrents. C'est l'argument « fiscal » sans cesse resservi. Un argument qui ne tient plus debout quand on se fait éliminer (bien souvent) en Coupe d'Europe par des clubs aux moyens largement inférieurs.

Mais avant de chouiner sur une régulation à bien des égards souhaitable, si on commençait par bien gérer l'argent que l'on a ? Avant de pleurer sur ce qu'on n'a pas ou sur ce que les autres ont, pensons d'abord à bien compter nos sous, non ? Je défends l'idée de la DNCG tout comme son petit frère, le fair-play financier. Mais ces régulations, ces contrôles ne nous ont pas permis de progresser sportivement. Notre médiocrité n'est pas une question d'argent. En France, quel que soit le domaine, le discours est toujours le même : on manque d'oseille. Le budget de l'école est énorme et ça ne marche plus. On est le pays d'Europe qui consacre la plus grosse part de son budget à l'hôpital et il paraît que ça ne fonctionne pas. Depuis le début des années 80, les plans banlieue se succèdent et des sommes colossales sont investies sans pour autant que la qualité de vie ne semble s'y améliorer. On est le pays qui redistribue le plus et il n'y a jamais assez d'argent. Finalement, le foot est en phase avec le discours dominant.

Alors quand la France décide seule d'interrompre la saison 2019/2020 et qu'elle est la seule ligue importante à l'avoir fait, elle se coupe un bras. Et les prières pour que les autres en fassent autant sont restées vaines.

Quelle est la rationalité derrière cette décision gouvernementale : idéologique ? médicale ? Pourquoi nos dirigeants ont-ils voulu jouer aux médecins ? Pourquoi n'ont-ils jamais réellement manifesté la volonté de reprendre ? Pourquoi nos joueurs ont-ils si peu affiché leur amour pour le jeu, leur déception de ne pas jouer ? Pourquoi ont-ils montré ce visage de fonctionnaires du sport, qui rechignent de surcroît et de façon honteuse à baisser leur salaire ? Aiment-ils vraiment le foot ou retrouvent-ils cet amour une fois passées les frontières ?

L'émotion l'a emporté. La peste émotionnelle, plus sûrement. La contagion s'est faite par les réseaux sociaux. Les médias d'info en continu ont achevé la manipulation des états émotionnels. En France, ils penchent toujours du même côté idéologique.

Si seulement, au moment de servir la soupe du « monde nouveau » et tout en s'éloignant de ces « intérêts économiques » forcément « maudits », on s'était recentrés sur le jeu. Si seulement on avait exploré un domaine où notre foot ne se hasarde malheureusement jamais.

Pour répondre aux inepties sur le « monde d'après », on aurait pu, par exemple, se souvenir de 2008 et de la crise économique qui a secoué le monde cette année-là. Merci à mon confrère Thibaud Leplat de me prêter sa réflexion :

« L'Espagne traverse alors la plus grave crise économique de son histoire récente. Le chômage explose à 27 % de la population (dont 50 % de jeunes), et le PIB espagnol tombe durablement en récession dès 2009 (-3,6 %) jusqu'en 2013 inclus (-1,7 %). Les clubs de football espagnols paient alors les années précédentes vécues à crédit. Dix-neuf des 42 clubs professionnels (dont la Real Sociedad, le Betis et le Rayo Vallecano) sont placés en redressement judiciaire et doivent à eux seuls plus de 700 millions d'euros d'impayés à l'administration fiscale. D'autres encore, comme Villarreal, diminuent drastiquement leur budget de 60 à 15 millions d'euros

tout en refusant volontairement toute aide publique afin de purifier leurs bilans et faire évoluer leur modèle vers l'autosuffisance économique. Pas une seule famille espagnole n'est épargnée par la violence de cette crise économique, pas un seul supporter ne peut se soustraire directement ou indirectement aux restrictions budgétaires du football espagnol.

Pourtant, au moment même où l'économie du football espagnol était sur le point de sombrer, les résultats de ses équipes premières et de ses centres de formation semblaient prendre toute la lumière. Et phénomène comparable au taux de remplissage des théâtres de Broadway pendant la grande dépression de 1929, la fréquentation des stades n'a pas diminué entre 2009 et 2013. Au contraire, elle s'est même accélérée (pour diminuer à nouveau au sortir de la crise). C'est que 2008, c'est aussi le début de l'âge d'or du football espagnol. L'énumération des titres suffit à en prendre la mesure. Entre 2008 et 2018, une vingtaine de titres majeurs ont été obtenus par les Espagnols, dont une Coupe du monde, deux Euro, six Ligue des champions (dont une finale 100 % espagnole en 2014), cinq Ligue Europa, deux Euro U21, trois Euro U19 et un Euro U17. Et ce qui est impressionnant sur le plan quantitatif l'est aussi sur le plan de l'héritage qualitatif. Le football mondial a été bouleversé par la révolution du jeu espagnol, admiré, imité et commercialisé depuis dans le monde entier.

Le Barça de Guardiola et les sélections de Del Bosque ont offert au football-spectacle une nouvelle jeunesse. En réinventant le jeu, l'Espagne a revivifié le football mondial.

C'est donc au moment où les bourses se vident que les têtes se remplissent de désirs nouveaux. C'est parce que Villarreal ne pouvait plus recruter de nouveau Riquelme ou Diego Forlán qu'il s'est tourné vers son centre de formation. C'est parce que Laporta avait failli être renvoyé de son poste de président du Barça qu'il a nommé Guardiola, un homme de la maison aux idées bien arrêtées. Curieusement, c'est presque la même chose qui était arrivée au football du FC Nantes qui recruta un cafetier espagnol de Noyen-sur-Sarthe en 1960 nommé José Arribas pour reprendre une équipe professionnelle mal en point et inventer par la même occasion l'école nantaise. On pourrait parler aussi du jeu du Stade de Reims ou de celui du Racing (post-Occupation), des Hongrois de Sebes (en pleine guerre froide), du football total hollandais (post-choc pétrolier), des Verts de Herbin (en pleine crise industrielle). À chaque fois, la même idée reviendra : le football est un spectacle qui vise à l'émancipation des hommes qui le regardent et le pratiquent. Le football en crise est donc un football qui a encore plus besoin de spectacle sans pourtant en avoir les moyens. »

Personne, dans notre foot, ne mènera cette réflexion. On n'est pas équipés pour ça, ni en cerveaux, ni en volonté. D'ailleurs, je suis sûr que personne ne sait ce qu'il s'est passé en Espagne en 2008.

Si au moins, à défaut de vouloir parler argent, on avait des idées, on pourrait éviter le marasme annoncé. Mais le jeu, j'en fais le pari, ne sera pas au centre des préoccupations. Il faudra vendre des joueurs, s'appauvrir et se lamenter. Et puis se raccrocher aux droits télé, l'éternelle bouée de sauvetage qui permet de boucler la compta !

Seulement voilà, même de ce côté-là, l'optimisme n'est pas de rigueur. Les doutes sont permis et raisonnables. La capacité de Mediapro à honorer pleinement son contrat en 2020/2021 laisse perplexe. Les autres diffuseurs sont là, en embuscade. Ils attendent que Mediapro aille dans le mur ! La rentabilité d'un produit dévalué qui attend des abonnements à 25 euros par mois, peu y croient vraiment. Alors récupérer le foot pour moins cher, pourquoi pas. Cette fin prématurée de la saison ajoutée à la défection du « saint diffuseur » peuvent conduire à une catastrophe industrielle d'ampleur, faisant flirter plusieurs grands clubs nationaux avec le dépôt de bilan.

***

Même au bord du précipice, nos dirigeants peinent à se plaindre. Personne pour se battre, si ce n'est dans son coin, pour sa boutique.

Tous les secteurs d'activité trouvent des porte-voix, des leaders pour revendiquer, demander un retour à la normale. Tous, sauf le foot. Ça ne se fait pas. Il faut expier. Aulas se démène seul. Les autres répondent au téléphone, se parlent sur le groupe WhatsApp des présidents, mais se cachent de l'opinion. Tous trouvent absurde et catastrophique la décision d'arrêter le foot, mais aucun ne veut le dire clairement. Un soir, durant l'*After*, je reçois un SMS d'un cadre du LOSC : *« À Lille, du coach Galtier au président Lopez, en passant par Luis Campos, tout le monde est d'accord avec toi ! »* Génial, mais pourquoi vous ne le dites pas ? Réponse : *« Notre capitaine José Fonte a essayé, il s'est fait détruire sur les réseaux sociaux. »* Ramené par la force de Twitter à la réalité de notre culture footballistique.

Le lendemain de cet épisode, j'entreprends de sonder plusieurs présidents de clubs. À part un ou deux patrons de petits clubs qui donnent plutôt l'impression de se foutre du débat, tous sont ulcérés par la décision du gouvernement. Bernard Caïazzo tente de me raconter les instants qui ont précédé l'annonce d'Édouard Philippe, le 28 avril : *« Jusqu'au dernier moment, on pensait qu'on reprendrait. On était tous d'accord, même si c'est la minorité des "contre" qu'on entendait dans les médias. L'émotion dominait, le contexte sanitaire était lourd et il nous semblait préférable de bosser en silence. On avançait sur les modalités d'une reprise en juin. Durant le week-end, la rumeur d'un arrêt a fait son chemin. Avec qui Macron a parlé ? Que s'est-il passé ? Je ne sais pas et je ne veux pas alimenter la théorie d'un complot. Reste que quand on l'a su, on s'est dit que la situation sanitaire allait devenir encore plus grave et que tous les gouvernements allaient se mettre d'accord pour arrêter partout. Jamais on n'a imaginé qu'on serait les seuls. »*

Le président Macron s'est d'abord entretenu avec Pierre Ferracci, le patron du Paris Football Club. Un chef d'entreprise proche du pouvoir et dont le fils est le témoin de mariage du président. *« Reprendre serait une erreur politique. Le retour du foot sera mis sur le dos de l'argent roi. »* Le foot devient un outil politique pour faire passer le message du monde d'après. Ce monde où l'économie et donc l'argent ne sont pas les priorités. Le foot sacrifié, méprisé par l'hypocrisie du prétexte sanitaire, du message à envoyer. Le foot, c'est anti-gilets jaunes et il ne faut pas donner l'impression d'être du côté des « riches ». Mais parce que le foutage de gueule doit être intégral, on accorde, en plus du chômage partiel, un prêt garanti par l'État de 225 millions d'euros. Fin juin, alors que partout la reprise du foot est un succès, Pierre Ferracci en remet une couche. Dans *Le Parisien*, il affirme que la décision était la bonne et que ce sont les autres pays qui se sont trompés. Et il ajoute, en attaquant Aulas, qu'on exagère les difficultés économiques de nos clubs.

Au-delà du propos complètement inepte, qui a décidé que le président du Paris FC, club de L2 inutile qui n'est suivi par personne et ne compte en rien dans notre foot, était une personne dont l'avis était devenu audible ? Il est proche du président Macron, et visiblement ça suffit pour raconter n'importe quoi dans les médias.

Et comme apparemment il n'a pas eu assez de mauvais conseillers à l'Élysée, Macron continue les consultations externes. Il appelle Didier Deschamps. Le champion du monde se fout bien de la Ligue 1 et de son avenir. Il dirige avec succès des Bleus qui jouent à l'étranger. Régulièrement, il conseille aux joueurs français de partir vite hors de France. Comme du temps où il était sur le terrain, Deschamps sait que les Bleus gagnent quand les meilleurs joueurs français évoluent hors de nos frontières. Avec un minimum d'intelligence, Deschamps aurait dû conseiller de repousser d'un mois la décision. Le pragmatisme, c'est pourtant bien sa qualité première en tant que coach ?

Un mois plus tard, et même si tout le monde sait désormais que l'erreur a été totale, Didier Deschamps, le héros national, enfonce le clou. Il a choisi un média grand public, un journaliste docile et il a déroulé tranquillement son soutien à l'autorité et sa communication tarte à la crème. Deschamps est une vraie planche à voile, son sens du vent est inné. À Marseille, à la Juventus, même durant les grosses vagues et les affaires, il a été un bon soldat. Fidèle serviteur de sa hiérarchie et toujours du bon côté du manche. Le patron des Bleus contrôle tout et surtout sa communication.

Dans son entretien du 27 mai au *Parisien-Aujourd'hui en France*, Deschamps soutient donc la sage décision du gouvernement. Et il se range évidemment aussi derrière son président Noël Le Graët, sorte de saint homme de notre foot. Le duo qui a permis à la France de devenir championne du monde est intouchable. On a beau parler de l'avenir des clubs, la bonne parole vient de la Fédération. L'autonomie de la Ligue, l'indépendance des clubs ? Un vieux rêve qui prend là un sacré coup sur la tête. Notre Ligue s'apparente plutôt à une division de foot amateur sous la tutelle éternelle de la Fédération.

Le Graët reste le vieux patriarche qui gère tout et impose son diktat. La Ligue vote pour une deuxième division à 22 clubs afin d'amortir les effets de la crise ? Il annule tout une semaine plus tard, au mépris du vote démocratique. Le patron breton se fiche bien, lui aussi, du foot de clubs. Pendant cette crise, il n'aura eu que deux impératifs : replacer la finale de la Coupe de France en août et sauver les matches de l'équipe de France en septembre. Après lui le déluge…

Quelques heures après la parution de l'interview de Deschamps, le site de *So Foot* publie un sondage sur le « manque de foot ». Pas de surprise : l'opinion suit. Une majorité de Français, même chez les amateurs de foot, ne sont pas en manque. On a le foot qu'on mérite. Les supporters comprendront peut-être un jour à quel point on s'est foutu de leur gueule quand certains arguaient avec passion que le foot dans un stade vide, ce n'était pas du foot, que la santé devait prévaloir sur toute autre réflexion. Oui oui, et l'eau ça mouille aussi. Le fameux monde d'après, c'est quoi ? L'hypocrisie des bons sentiments ? Tout ce petit monde n'a pensé qu'à ses petits intérêts personnels mesquins. Des arrangements sur le dos de la bonne conscience. Un bal des faux-culs mis en scène par notre trio national Paris, Lyon, Marseille.

À la création de la Premier League, en 1992, le championnat d'Angleterre a travaillé au développement de son football avec une idée en tête : l'unité d'intérêt. La rivalité sur le terrain, mais l'union en dehors pour progresser et prospérer. C'est comme ça que cette ligue est devenue la première dans le monde.

La France a, à peu de choses près, fait exactement l'inverse. La division pour stagner puis régresser. Une suite de petites baronnies sans intérêt. Et le pire, c'est que ces gens-là ont vraiment cru que les autres feraient pareil ! Ils ont cru que le président Macron parviendrait à convaincre les autres gouvernements de le suivre. Difficile de ne pas trouver ça ridicule. Parmi les grands championnats, la Ligue 1 est bel et bien restée seule. Elle a choisi de ne même pas donner un peu de temps au temps.

Fin mai, le journal *L'Équipe* prend enfin position et se demande si notre foot n'est pas trop con. Le titre : *« Comme des cons ? »*

La réponse est oui, et depuis longtemps.

L'unité du football français n'a jamais existé. Un vœu pieux ? Un rêve ? Non, pas forcément. D'autres y parviennent. Richard Scudamore, ex-patron de la Premier League anglaise, n'avait-il pas l'habitude de dire qu'il fallait être rivaux sur le terrain, mais unis en dehors ? Une force unie pour développer l'activité, le business. C'est comme ça que le foot anglais est devenu numéro 1 dans le monde.

Mais chez nous, rien de tout cela. Chacun dans son coin. On se sépare ou on se divise en clans. Les gros d'un côté, les petits de l'autre. Comme si cela ne suffisait pas, on se bat aussi entre gros. Sans oublier les demi-gros, ceux qui se prennent pour ce qu'ils ne sont pas ; ou ceux qui aimeraient bien avoir l'air, mais qui n'ont plus l'air de rien depuis longtemps. À Saint-Étienne, on continue de se prendre pour un gros, quoi qu'il arrive. Comme si le temps n'avait pas de prise. Waldemar Kita, le boss nantais, vit à Paris, alors il s'imagine compter autant que l'OL ou le PSG. À Paris, justement, on est tellement gros qu'on essaye de la jouer profil bas, pour ne pas se voir reprocher de jouer les gros bras !

En 2016, visiblement agacés de voir que le foot français ne bougeait pas assez, ou pas dans le bon sens, certains présidents, emmenés par Bernard Caïazzo, ont décidé de créer un syndicat : Première Ligue !

La référence au championnat anglais est évidente. L'ambition est là ! La LFP est jugée « mollassonne », il s'agit de s'émanciper de la Ligue. Envisager de se mettre dans la roue de l'Angleterre prête facilement le flanc à la moquerie. Ça me fait penser à ceux qui, à une époque, comparaient *Le Grand Pardon* au *Parrain* et Roger Hanin à Marlon Brando ; mais après tout, être ambitieux n'est pas un crime. À un certain niveau, le manque de lucidité peut toutefois confiner au ridicule.

Première Ligue, c'est une sorte de syndicat patronal, qui se veut capable de décider vite sans se traîner le boulet de la commission des clubs pro, avec la Ligue 2 et tout le barnum des autres syndicats et représentants divers du foot français. Une volonté de rupture avec la grosse machine qui organise de grandes réunions qui sont surtout, pour un tas de présidents, un prétexte pour venir en goguette à Paris. Première Ligue fait passer ses messages en invitant des journalistes à déjeuner dans des endroits à la mode. Bernard Caïazzo adore ça. Il m'a souvent invité. Il aime être au courant de tout. Donner une information par-ci par-là en espérant être mieux servi que les autres en retour. Le critiquer pour ça, ce serait malvenu et malhonnête de ma part. Avec le temps, j'ai tissé une relation amicale avec lui, autour de notre passion pour le tennis et de nos origines communes. Ça ne m'a jamais empêché de porter un regard lucide sur son club. Aucune connivence n'est née de cette relation.

L'idée de départ du syndicat allait indéniablement dans la bonne direction. Il suffit de jeter un regard au programme : moderniser notre football ; réformer sa gouvernance ; imaginer et construire un modèle français de développement économique pour concurrencer les autres pays européens ; déterminer les conditions d'un jeu plus spectaculaire et plus attractif dans les stades.

Des idées faciles à jeter sur un papier lors d'une réunion, mais au moins en ressort-il une envie de bosser ensemble sur un projet collectif. Je ne peux m'empêcher de noter avec malice le dernier point, sur la qualité du jeu. Combien de fois ai-je entendu des gens du foot me dire que j'exagérais chaque jour sur la qualité de jeu déplorable de notre championnat ? Une négation de l'évidence qui m'a toujours rendu dingue. Ce chauvinisme crétin consistant à vouloir défendre « son » championnat sans admettre ses défauts, je n'ai jamais compris.

Comme si un prof disait à une mère que son fils était nul à l'école et qu'une fois rentrée à la maison, la mère expliquait que finalement, tout allait bien. J'ai toujours pensé que vouloir aider le foot français, c'était justement pointer ses nombreux défauts et faire en sorte de faire évoluer les choses.

Le MEDEF du foot a d'abord organisé plusieurs réunions. Une fois par an, un grand raout à Cannes, fin mai. Juste après le Festival. La classe, non ? J'ai presque regretté d'avoir refusé l'invitation. Ce syndicat était donc présidé par Bernard Caïazzo (AS Saint-Étienne), assisté de quatre vice-présidents : Jean-Michel Aulas (Olympique lyonnais), Nasser Al-Khelaïfi (Paris Saint-Germain Football Club), Jean-Louis Triaud (Girondins de Bordeaux) et Saïd Chabane (Angers SCO).

Depuis, Triaud a quitté Bordeaux. Le club est maintenant dirigé par un obscur fonds d'investissement new-yorkais : King Street. Je dis obscur parce qu'il est assez compliqué de comprendre pourquoi ils ont voulu un club de foot, qui ne représente qu'une goutte d'eau dans leur patrimoine. À cause de ces nouveaux investisseurs, Bordeaux est devenu la caricature du club à la dérive. Ne connaissant rien au foot, ils font recruter par des agences une équipe de direction. Il n'y a aucun lien entre ces dirigeants et le club. Le fil passionnel n'existe pas. Leur CV, c'est du marketing, du ticketing. Ils montent des équipes commerciales avec des gens qui ne sont pas attachés au club.

À Marseille, le président Eyraud recrute son « head of business » (c'est mieux quand on le dit en anglais) sans se soucier de son passé « parisien ». Cette critique peut faire sourire ces nouveaux dirigeants, pour qui ce « lien affectif » ne vaut rien. Tout le monde doit se taire face au business. Mais en Espagne, en Angleterre, ça n'arriverait pas. Pas plus en Allemagne, ni dans tout autre pays culturellement « foot ». L'anecdote peut être relevée comme inopérante, mais elle m'avait marqué. En 2016, j'ai participé à des opérations promo pour EA Sports et le jeu de foot *FIFA*. À Madrid, je devais faire une vidéo avec Raphaël Varane. Avant de commencer, le joueur du Real veut s'échauffer. On prépare un petit match sur écran, Barça-Real. Intervention immédiate du chargé de la communication du club. Impossible, même pour rire, même pour un jeu, de faire un Barça-Real. Varane pourrait perdre, ça pourrait se savoir et ça serait mal vu. Nul doute que Jacques-Henri Eyraud ou Frédéric Longuépée, président de Bordeaux, trouveraient cette histoire totalement ridicule. Ces gens n'aiment pas le foot mais surtout, ils ne le comprennent pas. Pour défendre Longuépée, on explique qu'il est un bon commercial. Il a fait du bon boulot de « ticketing » au PSG, dit-on ! La belle affaire !

À la fin de sa carrière, Pauleta, ex-star du PSG, s'est confié dans un livre de souvenirs. J'ai eu la chance de passer pas mal de temps avec lui. Il est revenu sur les périodes difficiles qu'il a connues au PSG. Il m'a expliqué ne pas comprendre comment, dans un club, tout le monde, du jardinier jusqu'au président, pouvait ne pas « vivre » le club à fond. Être heureux ou malheureux en fonction des résultats. Il m'avait dit : *« Quand on perd, je veux voir le mec qui ouvre la porte du vestiaire faire la gueule, nous en vouloir d'être mauvais. Je veux que le lendemain, les mecs qui s'occupent du centre d'entraînement fassent la gueule. »* Il avait le sentiment que finalement, la majorité des salariés d'un club n'étaient pas intéressés par ce qu'il se passait sur le terrain. Pauleta avait évidemment raison. Et à Bordeaux, Longuépée et une grosse partie de ses équipes se « rincent » sur le dos du club. Ils sont grassement payés mais ne pourront jamais réussir. Jamais !

Il n'est rien sorti de Première Ligue. Caïazzo ne peut pas blairer Aulas, qui ne peut concevoir que ce Stéphanois qu'il méprise dirige un groupement dont il fait partie. Le boss du PSG n'a jamais rien dit. Argent, Neymar, Qatar, tais-toi !

On n'entend rien au réel pouvoir de Première Ligue. Un lobby face à la LFP ? À part s'unir pour pousser dehors le duo Quillot/Boy de la Tour, les présidents ne sont d'accord sur rien. Et puis tous finissent par s'écraser devant la FFF de Don Noël ! Mais il a des dossiers sur chacun d'eux, Le Graët ?

Comment peut-il les dominer de cette façon alors qu'en off, tout le monde le taille ? Incompréhensible. Dans l'interminable affaire de l'arrêt de la Ligue 1 pendant la crise du COVID, il a encore roulé tout le monde dans la farine. Il a enfoncé les clubs en militant pour l'arrêt du foot. Il a méprisé toutes les institutions pour se mettre en avant tout seul. Et à la fin de l'histoire, alors que tout le monde admet que la décision d'arrêter est une faute majeure, il sort de sa boîte et déclare que vraiment, le gouvernement a bien fait. Il reprend même l'argument usé et dépassé de la santé avant le fric ! Une honte. Une infamie. Et il continue de plus belle, évoquant l'équilibre budgétaire de la FFF, la finale de la Coupe de France qu'il faut disputer à tout prix, le public qui pourrait revenir et les matches de l'équipe de France qu'il faut organiser en septembre. La santé avant le fric, c'est quand ça l'arrange, finalement. C'est en fonction de ses intérêts.

***

Dans le paysage footballistique français, il faut parler de l'UNFP. Pendant des années, je me suis demandé à quoi ça servait. Je n'ai jamais compris un mot à ce que racontait Philippe Piat. Pour moi, ça a toujours été le vieux copain de Platini. Le gars sur la photo à côté des joueurs. Au fil des années, je n'ai jamais eu la réponse sur le « à quoi ça sert ».

L'UNFP est le syndicat des joueurs. L'Union nationale des footballeurs professionnels a été créée en 1961. Just Fontaine et Eugène N'Jo Léa sont les fondateurs de cette institution dirigée aujourd'hui par le duo Philippe Piat/Sylvain Kastendeuch. *« Les footballeurs sont des esclaves »*, c'est la phrase fondatrice. Prononcée par Raymond Kopa en 1963, elle marque le début du chemin vers la reconnaissance du métier de joueur de foot. C'est à partir de là qu'on va structurer le professionnalisme en France. *« Le football aux footballeurs »* marque la fin du combat et le contrat à temps le début d'une nouvelle ère. Les pères fondateurs, Fontaine, N'Jo Léa, Kopa et Hidalgo peuvent laisser la place à Philippe Piat. Il n'y a plus rien à faire et d'ailleurs l'UNFP ne fera plus rien. Conforter son fauteuil, filer des « steaks » à d'anciens joueurs amis et gérer l'oseille, et puis c'est à peu près tout. Il faut dire que 200 millions d'euros de patrimoine immobilier, ça s'entretient. Chaque année, le syndicat reçoit de l'argent du pactole « droits télé ». Aux dernières nouvelles, 10 millions d'euros ! Rien que ça. Leur slogan ? *« Tous unis pour un football plus juste »*. Ça ne veut rien dire, mais ça sonne bien. Deux présidents, quatre vice-présidents, deux directeurs généraux, un comité directeur de quatorze membres, sans oublier une trentaine de secrétaires et sous-secrétaires et conseillers complètent un organigramme délirant. Le président Kastendeuch touche quasiment 500 000 euros par an. Même joueur, il n'a jamais touché autant. Il arrive à 9 h 30, repart à 16 h 30 pour ne pas rater le train vers Metz. Le week-end, vous ne le croiserez pas sur les terrains de L1. Visiblement ça ne fait pas partie du job. L'ancien défenseur du FC Metz est venu rajeunir le syndicat. À 77 ans, Philippe Piat commençait à fatiguer. C'est donc ce duo qui, au début de la crise sanitaire, a milité pour un arrêt de la L1, servant la soupe infecte de la santé avant l'économie.

Au fil des années, afin de se diversifier et de s'occuper un peu, l'UNFP a développé des activités parallèles : assurances, gestion de patrimoine, et même une cellule d'agents de joueurs. On a filé ça à des anciens joueurs sans compétence particulière. Le résultat est affligeant. En février 2019, *L'Équipe* publiait un dossier sur *« les mauvais conseils de l'UNFP »*. Plusieurs joueurs témoignaient s'être retrouvés ruinés pour avoir suivi les conseils du syndicat. Invité à réagir, Piat s'était contenté de déclarer : *« Quand on investit, parfois on perd, et les joueurs n'aiment pas perdre. »* Sidérant !

La boîte d'agents, elle, a coulé. Rassurez-vous, José Pierre-Fanfan, qui s'en occupait, n'a pas tout perdu. Il s'est servi du syndicat pour lancer sa carrière puisque dans la foulée, il a conservé à titre privé les joueurs dont il s'occupait au sein de la structure UNFP.

En matière d'oseille, Piat s'y connaît. Il est également le boss du syndicat mondial des footballeurs, la FIFPro. Sa bonne relation avec Michel Platini a aidé. Honnêtement, savoir à quoi sert réellement ce syndicat mondial est une gageure. À part remettre le prix du meilleur joueur de l'année après avoir sollicité le vote d'acteurs du foot qui la plupart du temps ne répondent pas ou s'en foutent, je ne vois pas.

L'UNFP fait d'ailleurs la même chose avec sa ridicule cérémonie des Trophées, les soi-disant « Oscars du foot ».

Là où le syndicat a fait fort, c'est dans la négociation de l'image des joueurs liée aux jeux vidéo ou aux vignettes Panini. Logiquement, Piat ne pouvait pas laisser l'image des joueurs exploitée sans contrepartie. Il a donc récupéré le pactole, avant de le redistribuer aux joueurs. Combien ? De 100 à 200 balles par joueur par an ! Quand on en parle aux joueurs, ça les fait marrer. Impossible de savoir combien touche le syndicat au total. Secret d'État. Ce que l'on sait en revanche, c'est que ça a permis à l'UNFP et à Panini de solidifier leur relation. Avec le soutien du syndicat, Alain Guerrini, le boss de la célèbre entreprise de vignettes, a intégré le conseil d'administration de la LFP. C'est réconfortant, une aussi belle entente. En tout cas, l'UNFP fait rire. À chaque fois que j'en parle aux acteurs du foot, joueurs, présidents, salariés de la LFP, agents, ça provoque un éclat de rire ! Visiblement, Philippe Piat et Sylvain Kastendeuch doivent être des types super drôles.

***

Une balle dans le pied. Chaque semaine, la Ligue 1 s'en met une. Ça ne suffit pas pour mourir. Mais ça peut pourrir, gangrener. C'est une mort à petit feu.

On ne l'aime plus, mais on la suit encore. Un paradoxe. Combien de temps ça va tenir, on va tenir ? Pour l'instant, c'est une sorte de miracle permanent. Le mari cocu s'accroche. Il pense qu'elle va revenir. Qu'elle va changer. Chaque été, on part en vacances avec l'idée que ça va s'améliorer. Est-ce que ça peut être pire ?

Le miracle reprend forme en août. Le mercato vend de l'espoir. On perd les meilleurs et on fantasme sur les nouveaux. Les entraîneurs affichent des ambitions nouvelles, les dirigeants confirment. En août, tout est toujours plus beau.

Quand le bronzage disparaît, au début de l'automne, les premiers matches de Coupe d'Europe renversent tout. Pas de doute, on est toujours aussi nuls. Non seulement on ne progresse pas, mais pire, on régresse. N'importe quelle équipe bidon peut battre une équipe de Ligue 1. Ça n'empêche pas nos présidents de pleurer sur le manque de moyens financiers qui serait la cause de nos déboires européens. L'excuse ne marche plus, sauf sur les simples d'esprit. Dans leur communication, nos dirigeants ont décidé que la L1 faisait partie des cinq grands championnats européens. Une belle invention. On a créé un club dont on serait membres. La classe !

La France est cinquième à l'indice UEFA, ça suffit à la création du cercle, non ? Et sinon, ça se passe comment si on est le cinquième, mais très loin derrière les autres ? Si on arrive cinquième d'une course mais à des années-lumière derrière les concurrents, c'est bien quand même ? Une cinquième place qui, par ailleurs, tient surtout aux résultats du PSG en Coupe d'Europe, sinon…

Combien de temps ça va tenir ? La L1, c'est un mix de Lourdes et de Lisieux. Les audiences restent stables. Les affluences dans les stades aussi. On sait qu'on est cocu, mais on est habitué, alors ça fait moins mal. On paye sa place au stade, son abonnement télé. Souffrir a un coût. On est cocu et sado-maso ! Oui, on paye pour voir ce spectacle affligeant. Ces erreurs techniques à la pelle. Ces bourrins qui n'ont de joueurs de foot que le salaire. Mais ce qui désespère le plus, c'est le manque de motivation général. Le je-m'en-foutisme global, la passion inexistante.

Le plus gros miracle, c'est le milliard ! Mediapro a claqué un milliard pour notre championnat. Eu égard à ce que la L1 propose, c'est comme acheter une Skoda au prix d'une Mercedes.

Encore une histoire de mois d'août. 2017. Neymar arrive au PSG pour 220 millions. L'argent dégouline, ça va bien retomber sur les autres, non ? Des stars partout au PSG. Des investisseurs « US » à Bordeaux et à Marseille. Des Chinois qui se transforment en Anglais à Nice. Un type louche mais riche à Lille. Un milliardaire français, certes radin, mais super riche quand même à Rennes. Du « Jean-Pierre Pernaut », de petits artisans locaux à Strasbourg et Saint-Étienne. Enfin, un boss à l'ancienne à Lyon : le casting a, pourtant, de quoi séduire.

La Ligue 1 s'est maquillée comme une voiture volée et Mediapro a sorti le chéquier. Didier Quillot, le concessionnaire de notre L1, peut être élu commercial de la décennie : à côté, le casse du Palm Beach, c'est un vol de sac à main.

***

Le 28 novembre 2019, la décision de l'UEFA d'attribuer les droits télé de la Ligue des Champions à Canal+ et BeIn Sports ressemble un peu à l'arrestation du braqueur. Ce que signifie cette décision, c'est tout simplement que Mediapro ne va pouvoir offrir à ses futurs abonnés que huit matches de L1 et toute la Ligue 2. Il est alors facile de comprendre la colère de Jaume Roures. Criant au scandale, le patron du groupe audiovisuel espagnol annonce vouloir porter plainte contre l'UEFA. Selon lui, l'attribution aurait été faussée par des magouilles. Curieux que quasiment personne, dans notre milieu, n'ait prêté attention à cet épisode, ni n'ait su l'interpréter correctement. Car Roures n'a pas seulement perdu les droits de la Ligue des Champions, il a aussi et peut-être surtout complètement dévalué les droits de la Ligue 1. Pourquoi ? Mais qui va aller payer un abonnement à 20 ou 25 euros (le prix annoncé) pour ne voir QUE de la Ligue 1 ? J'exagère ? Mais à la LFP, quand l'UEFA a dévoilé les vainqueurs de l'appel d'offres européen, ça a été une panique à bord terrible ! Certes, les droits courent jusqu'en 2024, mais après ? Quand Mediapro aura fait ses comptes et constaté que son investissement n'a pas été rentable du tout, il ne lui restera qu'à aller voir ailleurs. Les autres ? Qui ira mettre un milliard pour diffuser ce championnat médiocre ? Il est absolument certain que jamais le groupe espagnol ne pourra survivre avec ce seul produit. Les tractations entre les différents diffuseurs ne vont pas manquer pour rechercher un semblant de rentabilité.

La façon dont s'est jouée la bataille autour des droits de la Ligue des Champions, comme la joie affichée par Canal et BeIn Sports, montrent que la compétition européenne est un enjeu majeur. Tous les diffuseurs étaient sur le coup. Ça n'a pas été le cas lors de l'appel d'offres de la Ligue 1 un an plus tôt. RMC Sport et Canal+ n'ont pas donné l'impression de participer à la bagarre avec la même envie. Le vrai produit à offrir aux abonnés, c'est la Coupe d'Europe. Aucun autre pays européen ne donne autant pour l'avoir. Aucun autre pays ne diffuse avec autant de plaisir les championnats étrangers. La Premier League est devenue un produit phare. La Liga aussi. La Serie A et la Bundesliga n'ont pas le même relief, mais les diffuseurs les veulent aussi dans leurs offres. La Ligue 1 seule, ça ne suffit pas.

Si Mediapro n'arrive pas à enrichir son offre, jamais l'investissement ne sera rentable. La L1 sera alors dévaluée. Les présidents de clubs l'ont bien compris et tous faisaient clairement la gueule pendant que Canal et BeIn faisaient la fête. Quand j'ai tenu ce propos pendant des semaines, on a essayé de m'expliquer que la L1, seule, c'était viable. Évidemment non ! Et durant l'été 2020, Mediapro, pour éviter la catastrophe industrielle, s'est associé à RMC pour co-diffuser la Ligue des Champions. Un autre accord est passé avec Netflix pour enrichir l'offre. La Ligue 1 sans rien à côté, ça ne vaut rien.

Les droits télé de la Ligue 1 sont depuis toujours en augmentation constante. C'est principalement sur ce dossier que l'on juge si la LFP bosse bien ou pas. La gestion du binôme formé par Nathalie Boy de la Tour, présidente, et Didier Quillot, directeur général (c'est surtout lui qui a piloté le dossier), a donc été saluée par tout le foot français. Le milliard dépassé, un nouvel acteur trouvé (Mediapro), tout le monde a applaudi.

Leur succès, comme souvent dans ces cas-là, se résume à des promesses :

– Ça va aller mieux, parce que pire ce n'est pas possible.

– L'argent va attirer de nouveaux investisseurs et les clubs vont en profiter, parce que, en gros, l'argent attire l'argent.

– Et puis, il va y avoir des stars. Pour ça, le PSG va se saigner. Neymar, Mbappé, deux joueurs de classe mondiale, dont une jeune star de l'équipe de France. Avec eux, le PSG va bien finir par réussir à briller en Ligue des Champions, ça mettra le coup de projecteur définitif sur notre championnat.

– Enfin, n'oubliez pas qu'on est champions du monde ! Et que c'est grâce à notre fantastique formation. Alors les pros du marketing ont turbiné et inventé un beau slogan, la « Ligue des Talents » ! Vous allez voir comme il va être bien emballé, notre produit. Sans parler du nouveau sponsor : Conforama ! « La Ligue 1 Conforama », pardon mais avec un nom pareil…

Avec tout ça, comment ne pas être séduit ? Mediapro l'a été. Pour l'instant, peu importe la vraie nature des nouveaux investisseurs. Des structures montées principalement pour faire du « trading » de joueurs. Des nouveaux patrons pour qui le foot n'est pas un sport, mais un jeu type Monopoly.

Ce que Mediapro a dû voir aussi, c'est que le PSG n'arrive toujours pas à faire briller la France en Coupe d'Europe, et que nos stars n'ont souvent qu'une idée en tête, quitter la Ligue 1. Dans tous les clubs, les fameux « talents » sont en effet surtout pressés de partir pour signer de beaux et gros contrats ailleurs. Une situation qui satisfait le trio joueur/agent/club. Parce que l'économie des clubs est d'abord construite sur la vente des joueurs.

Les « talents » qui restent dans notre championnat sont pour la plupart des joueurs de piètre qualité, voire des bourrins. Les « vedettes » sont des joueurs partis à l'étranger puis revenus parce qu'ils étaient en situation d'échec. Les autres sont ceux qui reviennent finir leur carrière au pays alors qu'ils ne sont pas loin d'être cramés physiquement.

Reste Conforama. L'entreprise a annoncé à l'été 2019 la fermeture de plus de trente magasins. Comme une sorte de terrible symbole. Si même notre beau partenaire sombre, alors…

***

Pour comprendre la valeur réelle de nos équipes, il faut s'arrêter sur ceux de nos clubs que j'aime ranger dans la catégorie des « seconds couteaux ». C'est dans leurs effectifs que l'on devrait observer les « talents » à l'œuvre. Des jeunes joueurs pouvant ensuite aller dans les grosses équipes de notre championnat, ou directement à l'étranger. Notre laboratoire devrait se situer là, dans ces clubs qui ont vocation, de par leur budget et leurs structures, à disputer la Ligue Europa, la petite Coupe d'Europe. On parle notamment de Rennes, Saint-Étienne ou Bordeaux.

Or, que voit-on ? Chez les Verts, les joueurs cadres sont : Khazri, Cabaye, Debuchy, M'Vila, Boudebouz. Des joueurs de qualité moyenne, partis à l'étranger puis revenus la queue entre les jambes sans avoir rapporté ni belles photos, ni grands souvenirs. Ils n'étaient peut-être pas si forts que ça. Ils ont tenté l'aventure dans des clubs européens moyens. Seul Debuchy est allé dans un grand club, Arsenal, mais sans succès.

Dans quel état sont-ils revenus ? Motivés ? Prêts à faire grandir le club ? À encadrer les jeunes de l'équipe ? Non. Ils ont surtout signé un dernier beau contrat. La Ligue 1 ne les intéresse pas. Ils sont comme la grande majorité de ses acteurs, ils méprisent ce championnat qui n'est qu'une voie de garage, un transit, une salle d'embarquement vers de plus radieuses destinations.

À Rennes, on a aussi tenté le recyclage. Hatem Ben Arfa, le génie jamais compris ou peut-être un peu par certains illuminés de nos observateurs. Clément Grenier, autre espoir qui n'aura jamais vraiment décroché de premier rôle. On a également retrouvé, avec plein d'enthousiasme, le rugueux Joris Gnagnon, mi-joueur de foot, mi-catcheur. Les commentateurs louaient sa force défensive. Bien vendu, il a essayé l'Espagne. Évidemment ça n'a pas marché. C'est un pays de foot. On se rend compte peu à peu que ce n'est rien d'autre qu'un banal joueur de L1. M'Baye Niang est lui aussi revenu d'Italie, où personne ne le regrette. L'attaquant sénégalais a passé plusieurs années hors de France, de l'été 2012 à l'été 2018. Un crochet par Montpellier au printemps 2014, le temps de mettre quatre pauvres buts, de montrer sa nouvelle Ferrari, de conduire sans permis et de la coller sur un arbre, puis il est reparti. Au total, sur la période, à Milan, Gênes, Watford, Turin, il a marqué 23 buts ! Une misère pour un attaquant. Rennes a flairé la bonne affaire. 21 buts en deux saisons de L1. C'est mieux que ce qu'il a fait avant. De là à être annoncé à l'OM pour un transfert à 20 millions, ça laisse songeur. À moins que les articles ne soient rédigés par l'un de ses amis qui travaille à *L'Équipe* pour faire rêver les foules naïves.

La façon dont on compose les équipes reste un mystère. On mélange des jeunes à qui on promet tout très vite et qu'on espère vendre rapidement avec des mecs en situation d'échec qu'on pense pouvoir relancer. C'est la solution facile. Pas besoin de développer une cellule de recrutement. Ça fait des économies.

Jordan Amavi est allé en Angleterre. Il ne s'est pas imposé, l'OM l'a recruté. Il est devenu la tête de turc du public avant que son coach n'essaye de le sauver du marasme. On s'est enthousiasmé quand il a aligné deux bons matches de suite. Quand on passe de la nullité à la normalité, il faut bien parler de progrès.

Le pire pour notre Ligue 1, c'est quand les clubs censés être nos locomotives tombent également dans ces errances. La dernière recrue dont tout le monde a été satisfait à Lyon s'appelle Lisandro Lopez. Il est arrivé en 2009 et a passé quatre saisons au club. Depuis, l'OL est passé d'une catastrophe industrielle type Gourcuff à Memphis Depay. En échec à Manchester United, le joueur néerlandais a accepté de venir se relancer en France. Depuis qu'il est là, il ne donne pas une interview sans évoquer sa volonté de partir au plus vite. Toujours excellent avec sa sélection, il affiche une irrégularité chronique en club. Une sorte de nonchalance, de « c'est pas assez bien pour moi cette équipe ! ». Sans forcer, il reste néanmoins le meilleur joueur de l'OL. En partant, il laissera un sentiment de gâchis.

Florian Maurice était en charge du recrutement à l'OL jusqu'à l'été 2020. Rennes l'a débauché. Aulas a dit qu'il n'était pas indispensable. Maurice a bonne réputation et il déteste être critiqué. Surtout par des journalistes qui, forcément, n'y connaissent rien. Sans rien y connaître, j'ai quand même envie de me pencher sur son travail. Il a officié à la cellule recrutement pendant dix ans. Une belle période pour un bilan. Et comme un symbole, c'est à l'été 2009, quand il arrive, que l'OL réalise son dernier mercato décent. L'Argentin Lisandro Lopez est en effet le dernier joueur de classe internationale à avoir signé au club. Cette année-là, deux autres bons joueurs sont arrivés, Gomis et Bastos. Une seule pomme pourrie dans le panier : Aly Cissokho. Une pomme à 15 millions d'euros, quand même…

La suite ? Une catastrophe. Avec en exergue, la faillite Yoann Gourcuff. Un gouffre financier qu'il faut toutefois attribuer au club tout entier, tant ce joueur était un projet industriel pour l'OL. Pour le reste, « Flo » Maurice a fait venir au club une liste à vous filer la nausée. En vrac, ça donne ça : Diakhaté, Morel, Valbuena, N'Koulou, Yanga-Mbiwa, Beauvue, Bedimo, Ederson, Yattara, Mateta, Darder, Rybus, Tousart, Rafael, Tete, Marcelo, Traoré, Rose, Mvuemba, Diaz, Bisevac, Monzon, Koné, Diop, Marçal, Mammana, Lovren ! Une belle brochette de vedettes, non ? Pour Mammana et Lovren, inutiles à l'OL, les bénéfices sur leur revente ont camouflé l'échec sportif.

On sauve qui ? Jimmy Briand ? Quatre ans au club, 27 buts en L1. Un triomphe !

Malgré une défaillance évidente, les services de Maurice se vantent des signatures à l'été 2017 de Tanguy Ndombelé et Ferland Mendy. Si l'on ne regarde que la différence entre leur prix d'achat et leur prix de vente, c'est indéniablement une culbute positive. Mais avec ces deux joueurs, l'OL n'a pas obtenu des résultats meilleurs qu'avant. À part Micheline de la compta, qui a pu se satisfaire des services de « Flo » Maurice ?

Avant lui, dans les années 2000, sous la direction de Bernard Lacombe, on avait l'œil plus affiné et le nez plus creux. On a d'abord recruté Sonny Anderson. Puis sont arrivés Cris, Juninho, Essien, Diarra, Coupet, Pjanić, Kallstrom, Caçapa, Lloris, Tiago. On n'est clairement pas dans la même catégorie.

On est passé d'une dimension internationale à une dimension « France ». Ce qui signifie, à l'échelle de l'Europe, des joueurs de quartier ! Avec l'arrivée de Juninho au poste de directeur sportif, on va peut-être s'ouvrir l'esprit. Très vite, le jeune Brésilien Guimaraes a signé à Lyon. Il a peu joué, mais le peu qu'on a vu, c'est déjà plus que dix joueurs de Maurice.

Pour un club comme Lyon, une telle débâcle sur le marché des transferts est incompréhensible. Inadmissible. Pourtant, on vit avec. Depuis dix ans, le club est sauvé par ses jeunes. Un centre de formation qui aura finalement donné les meilleurs joueurs à avoir porté le maillot ces dernières années : Lacazette, Umtiti, Tolisso, Fekir, Lopes. Même Ferri et Gonalons, pour leur sens du devoir, peuvent être regrettés par les supporters du club si on les compare aux « peintres » qui ont été recrutés chaque été.

Le dernier titre remonte à une pauvre Coupe de France gagnée en 2012. OL-Quevilly au Stade de France, 1-0 ! Une ligne au palmarès dont plus personne ne se souvient.

Pour le reste, l'OL vit sur ses succès des années 2000. Le niveau lamentable de notre foot permet au club de rester en haut de l'affiche et de faire un petit tour en Coupe d'Europe de temps à autre. Jean-Michel Aulas se fiche bien de tout ça. Les finances de l'OL se portent bien et c'est là le plus important. Chez ces gens-là, on ne gagne plus, on compte !

***

L'OM aurait pu ne jamais être racheté. La famille Louis-Dreyfus a attendu longtemps avant de trouver Frank McCourt. Un Américain avec un CV à trous dans le monde des affaires du sport. Pour gérer le club, Jacques-Henri Eyraud a été désigné. Un président délégué que rien ne lie à Marseille, ni au foot d'ailleurs. Peu avant d'être nommé, il a voulu rencontrer les journalistes qui comptent dans le milieu. Le numéro deux de la rédaction à RMC vient me voir (il avait bossé avec Eyraud à Sporever) : *« Eyraud aimerait bien te rencontrer. Il va devenir président de l'OM et il t'apprécie, blablabla. »* Bon, j'ai un peu l'habitude, alors je traduis : *« C'est le futur boss de l'OM, il veut te voir, te cirer le cul deux minutes pour que tu évites de le tailler à la première occasion. »*

Peu sensible à la flatterie, j'ai néanmoins et évidemment écouté le nouveau président de l'OM. La manière avec laquelle il a parlé de ses prédécesseurs m'a beaucoup étonné. C'était sans langue de bois et d'une prétention assez stupéfiante. *« Les autres étaient tous nuls, voilà pourquoi moi, je serai bon ! »* Christophe Bouchet, Pape Diouf, Jean-Claude Dassier et Vincent Labrune rhabillés en cinq minutes. Mais pourquoi il me dit ça à moi ? S'il se plante, je pourrai ressortir cette phrase et il n'aura pas l'air malin, le « Jacquouille ». Il a détesté ce surnom, référence à Clavier. Il ne m'a pas appelé directement pour me le dire. Il a fait passer le message par un confrère. Après ça, il ne m'a plus jamais appelé, ni essayé de me contacter d'ailleurs.

Du fameux rendez-vous dans le resto hype/média de la porte d'Auteuil, j'ai gardé le souvenir d'un propos guère convaincant. La suite a globalement conforté ma première impression. Le nouveau président de l'OM ne connaît pas grand chose au football. Chaque sortie médiatique est une souffrance pour les supporters de l'OM à qui il fait honte. Il aurait pu être patron de n'importe quelle entreprise. Disney, Club Med, Sporever et un magazine de canassons, Eyraud a travaillé dans beaucoup de secteurs différents. Il est tombé sur l'OM un peu par hasard. Une affaire de relations, d'entregent. McCourt rachète l'OM. Il ne sait rien du foot. Didier Quillot se charge de l'opération séduction. L'intermédiaire est Didier Poulmaire, un avocat qui est en même temps conseiller et agent. Un flou. Et un phénomène aussi. Grand, plutôt élégant, s'il n'y a pas de miroir dans la pièce où vous vous trouvez avec lui, il est possible que Poulmaire daigne vous écouter un peu.

Il s'était occupé de Laure Manaudou, à l'époque où tout a capoté dans la vie de la nageuse. De Yoann Gourcuff aussi, quand il ne savait plus jouer au foot. Bref, un type dont la seule qualité semble être d'avoir un réseau. Et quand on a la carte, peu importe le résultat, ce qui compte c'est d'être dans le cercle et dans le bon resto.

J'ai toujours été épaté par ces conseillers aux résultats catastrophiques mais qu'on consulte toujours. On voit beaucoup ça en politique. Ils peuvent être dix autour d'un président ou d'un ministre et ça n'empêche pas les bourdes monumentales. De celles qui font dire : *« Mais comment c'est possible, avec tous ces mecs autour ? Ils vous ont pas dit que... »*

Bah visiblement non. Ils sont censés reconnecter leur boss à la réalité, mais ils donnent l'impression d'en être eux-mêmes encore plus loin. Un mystère. J'ai un ami, ex-conseiller de Rama Yade, l'ex-secrétaire d'État chargée des sports. Il connaît bien le sport et le foot, pourtant un jour Rama Yade a dit publiquement qu'à la Coupe du monde, il faudrait se méfier de l'Uruguay, une sélection qui avait brillé à l'Euro ! Mais à quoi il a servi dans cette affaire ? Elle est passée pour une gourde devant tout le monde à cause de qui ? Il paraît qu'on peut tout préparer et baliser mais qu'une fois en piste, on ne sait pas ce qu'il peut se passer. Ok, pourquoi pas. Les conseillers, ça m'épate. Alain Minc m'épate. Le mec s'est trompé sur quasiment tout. Prévisions sociales, économiques, politiques et pourtant il a eu toute sa vie l'oreille des puissants. Même chose pour Jacques Attali. Il a mangé toute sa vie sur le fait d'avoir été le conseiller de Mitterrand. Savoir s'il a été bon ou pas, ça ne compte pas. Et puis il a tellement écrit et conseillé que quelquefois ça a dû se passer comme il avait dit.

Didier Poulmaire se rêvait peut-être en président de club, mais ne voulait surtout pas le dire. C'est le genre de type qui veut qu'on l'appelle en sauveur. Il ne demande rien, il attend. Parce que forcément, on aura besoin de lui. En attendant, il regarde Eyraud. Évidemment, Eyraud et Poulmaire finissent par se brouiller. Poulmaire ne deviendra jamais président.

Heureusement pour l'OM, qui a déjà assez souffert comme ça. J'ai parlé foot avec lui un jour. Enfin, il a parlé, j'ai écouté. J'avais l'impression d'avoir face à moi Claude Vorilhon, de la secte des Raëliens. Ou l'ex-gourou de Djokovic, Pepe Imaz. Le foot est amour et câlins. Je n'ai rien compris.

Eyraud n'est pas le seul, parmi les présidents de clubs, à tomber du ciel. En soi, ça pourrait ne pas être un souci. Le problème est ailleurs. Dans le fait, d'abord, de penser avec force que le club de foot est une entreprise comme une autre. J'ai entendu cette absurdité dans la bouche de tellement de présidents ! Le club est une entreprise qui vend un spectacle et la personne qui vient au stade est un client/consommateur. Si on ne comprend rien au foot, alors ça peut ressembler à ça. Mais de loin, de très loin. Et à Marseille, d'encore plus loin.

Quelle bêtise de croire que le temps changera cette réalité. Alain Cayzac, ex-dirigeant historique du PSG, expliquait un jour qu'un club de foot avait en lui au moins une petite part de « service public ». Symbole d'une ville, représentant d'une ville, portant le nom d'une ville, jouant dans le stade d'une ville, le club rassemble des gens qui investissent des sentiments, et pas du pognon ! Ils ne viennent pas au stade consommer un produit, mais voir comment se comporte leur « investissement passion » ! Il y a un attachement culturel entre le club et ses supporters. Un lien de type racine, famille. Le club de foot est excluant. On appartient ou pas à la famille. Le club de foot qui fait fantasmer la plupart des supporters, c'est l'Athletic Bilbao. Ce club régionaliste qui ne fait jouer que des Basques. Dans le monde du foot, tout le monde est identitaire. Les supporters, et peu importe leur milieu d'origine, délivrent une délégation d'identité aux joueurs et à ceux qui président le club. C'est comme s'ils leur confiaient une fraction d'eux-mêmes.

Alors quand arrive un président tombé du ciel, sans aucun lien avec la ville ou le club, il a intérêt à être bon et à ne pas prendre les gens pour des imbéciles. Il faut qu'il soit au moins assez fort pour faire croire qu'il sait de quoi il parle. Il sera sans cesse en période d'observation. Sous contrôle. Bernard Tapie n'avait aucun lien ni avec le foot, ni avec Marseille, ni avec l'OM. Au-delà des victoires et des magouilles, il a surtout permis aux Marseillais d'être fiers. Le foot, ça touche à l'orgueil, à la dignité. Diriger un club de foot, ce n'est pas gérer des lignes comptables, c'est manier des émotions. Ça peut sembler primaire aux yeux d'un pragmatique sorti de Harvard, mais c'est une réalité incontestable. Et tant que le club de foot ne sera pas devenu une franchise, ça ne changera pas. L'OL est coté en bourse. Jean-Michel Aulas est chef d'entreprise et il dirige l'OL comme un patron. Sa gestion peut être critiquée. Elle l'est. Mais Aulas est un patron local. Il a permis à l'OL de devenir un club majeur en France et d'exister en Europe. Il a construit une identité locale forte à travers le foot. L'OL est une entreprise mais… et c'est ce qui suit ce « mais » qui compte le plus.

En trois sorties médiatiques ridicules, Jacques-Henri Eyraud avait déjà épuisé son crédit. Il faut ressembler à sa ville, à son club. Eyraud et l'OM, c'est même pas des cousins au dixième degré ! Même s'il gagne, rien ne lui sera attribué. C'est trop tard. Dès le début, c'était fini pour lui.

C'est fou comme l'OM n'a pas eu de chance avec ses présidents délégués. Avant Eyraud, il y a eu Vincent Labrune. Le conseiller devenu roi. Une vie à conseiller les gens qui comptent. À la télé, dans les affaires. Il a tellement aimé conseiller qu'il continuait de le faire auprès des autres présidents de Ligue 1 alors qu'il dirigeait l'OM ! Labrune pouvait ainsi donner son précieux et coûteux avis à Loïc Féry, à Lorient. Les deux aimaient bien jouer au Monopoly ensemble et faire de l'achat/vente de joueurs. La dernière partie s'est mal terminée. Dans les dernières heures du mercato de l'été 2013, Féry vend Mario Lemina à l'OM. C'est la couleuvre de trop pour le coach Christian Gourcuff. Féry pensait que Lorient, c'était lui. Non, Lorient, pour les gens du foot, c'était Gourcuff. L'entraîneur qui avait donné une identité au club. Les sympathiques Merlus qui jouaient bien au foot, c'était Gourcuff, pas l'homme d'affaires. Le coach se plaint et le président gestionnaire au CV en or le vire. Lorient, qui de façon presque anormale s'était stabilisé en Ligue 1, va évidemment descendre. Du point de vue d'un chef d'entreprise « classique », Féry doit penser qu'il n'a rien fait de mal. Pendant des années, il a fait son business. Tout s'est bien passé. Il vendait les joueurs, rentrait l'oseille et le club restait pourtant en L1, ce n'est quand même pas en foutant dehors ce coach breton têtu que tout allait changer !

Loïc Féry fait partie de ces patrons égocentriques qui s'achètent une façade respectable. Il a pris la direction de Lorient comme il aurait pu prendre celle d'un autre club. Aucune attache, si ce n'est celle qui le lie à son business. Le genre à mettre des gants quand il va serrer la main des « sans dents » qui viennent au stade du Moustoir ! On ne devrait jamais faire confiance à quelqu'un d'aussi riche et d'aussi mal habillé. Et puis un type qui fait en sorte de faire virer des journalistes, ça ne peut être qu'un petit homme. Pour deux ou trois phrases qu'il estimait de travers, il a tenté de faire pression sur ma direction. En vain, bien sûr. Et quand, avec Jérôme Rothen, on a traversé la tornade de « l'affaire Neymar », il a de façon sournoise et mesquine relayé des tweets demandant nos têtes ! Comment peut-on être si petit et souhaiter la mort sociale de quelqu'un ? Demandez à Féry. Après trois ans de L2, il revient en L1. On va le revoir ! Back in business !

Vincent Labrune était pote avec Féry et pote avec tout le monde. Avec Bernard Caïazzo à Saint-Étienne. Comment un type qui connaît aussi bien le foot que Caïazzo a-t-il pu se faire endormir aussi souvent par Labrune ? Un grand pouvoir de séduction, paraît-il. Mais celui sur qui l'emprise a été la plus grande, c'est sans aucun doute Frédéric Thiriez. Le boss de la LFP était subjugué comme une midinette. C'est fou le nombre de types avec des CV en or massif qui sont venus dans le foot pour y étaler une incompétence crasse ! Mais tous ces gens croient vraiment que le foot est un truc de débiles mentaux que n'importe qui peut appréhender facilement ? Le foot français des trente dernières années est rempli de chefs d'entreprise venus s'encanailler au ballon. Ils ont d'abord voulu ressembler à Tapie, puis le modèle est devenu Aulas. Olivier Sadran, le président du Toulouse FC, a même été surnommé « Aulasito » par ses pairs à une époque. Il devait trouver ça bien. Pourtant les autres se foutaient de sa gueule.

Sadran au TFC, Jacques Rousselot à Nancy, Francis Decourrière puis Jean-Raymond Legrand à Valenciennes, Henri Legarda au Mans, Waldemar Kita à Nantes, Roland Romeyer à Saint-Étienne, Pascal Urano à Sedan, Jean-Claude Plessis à Sochaux… ça marchait bien dans les affaires. Ça commence toujours comme ça. Mais la rencontre avec le foot s'est avérée compliquée. La danseuse est capricieuse. Grâce au foot, on devient baron local. On est médiatisé. Quand ça marche, même un peu, on prend vite la lumière. On entre dans un tourbillon. L'adrénaline ne ressemble en rien à ce qu'on a connu avant dans le business classique. Peut-être même qu'on devient plus séduisant et qu'on prend un brin de confiance. Ça sert pour faire tomber les rombières locales. La vie est chamboulée. Elle pétille plus. Il faut gérer un tas de trucs. Le club, les résultats, les joueurs, les employés, les femmes des joueurs, les agents, les médias… Et rien ne prépare à ça. Alors souvent, ça se termine dans le mur. Parce qu'on ne sait pas où on a mis les pieds. Comme on ne sait rien du foot, on dirige en écoutant celui qui parle en dernier ou le plus fort. On se fait pigeonner par le premier agent margoulin venu. On recrute les yeux fermés, on augmente un salaire après un but, une exaltation en tribune, un joueur en TT sur Twitter.

Comprendre le foot, c'est avoir vécu la passion qui l'entoure. Savoir la canaliser. Connaître l'histoire du club qu'on dirige, c'est aussi savoir appréhender le contexte social d'une ville. Savoir ce que veulent les gens qui vont au stade. Les gens ? Ils veulent gagner, non ? Voilà le résumé de la pensée commune. Comme si le foot n'était qu'une question de résultat. Mais il n'y a qu'un champion ! Trois compétitions, trois vainqueurs. On fait quoi avec les autres ? Tous en situation d'échec ? Ceux qui ont réussi ont compris que le foot, c'est un roman qu'on écrit au quotidien.

Une histoire qu'on raconte. Et tout ça va bien au-delà d'une victoire et d'une défaite. Les belles histoires du foot sont des romans.

La ville d'Auxerre, 35 000 habitants, est apparue sur la carte de France grâce au foot. Une histoire de la France profonde qui rencontre l'élite. Le bon sens paysan incarné par Guy Roux. Sa gouaille, sa mauvaise foi, sa radinerie. Beaucoup de clichés, une caricature autoalimentée qui a parfaitement fonctionné. De 1979 au début des années 2000, Guy Roux a fait d'Auxerre une sorte de village gaulois. Une finale de Coupe de France héroïque et perdue contre Nantes en 79 marque le début de l'aventure. Guy Roux forme ses joueurs, les vend, (re)forme, (re) vend. Il part dans les ex-pays de l'Est trouver (pour pas cher) ce qu'il n'a pas à la maison. La France du foot adore ça. L'AJA joue régulièrement la Coupe d'Europe. Pas de victoire finale, bien sûr, mais toujours de bons parcours et une tête bien haute. Jean-Claude Hamel, le président, chef d'entreprise, ex-vendeur de camions Simca, s'occupait de l'administratif et laissait Guy Roux gérer le terrain. L'âge a eu raison des deux. Ils sont partis. L'AJA a changé de modèle. Des investisseurs chinois sont arrivés avec l'idée de gagner de l'argent. Des présidents délégués ont été nommés et Auxerre a coulé.

Si on ne raconte rien, on n'est rien. À l'opposé d'Auxerre, le PSG de Daniel Hechter est une autre belle histoire. Celle d'un Paris « paillettes » qui s'assume. En 1974, Hechter est un couturier en vogue. Il s'entoure de gens du show-biz, de Belmondo, d'Enrico Macias. C'est Paris qui n'a pas honte de ce qu'il est. Aujourd'hui, on passe notre temps à avoir honte et à vouloir entrer dans un moule qui plaît à tout le monde ou plutôt qui ne déplaît à personne. La sincérité n'est plus une valeur sûre. L'identité fait peur.

Le « gang des chemises roses » qui dirige le club, ça n'empêche pas le « petit peuple » parisien de venir au Parc des Princes, bien au contraire. Mais ce peuple est exigeant. Il n'est peut-être pas riche, mais il veut croire qu'il l'est. Il veut du jeu et des stars. Dans les années 70, le PSG est comme maintenant. Cosmo ! La star, Dahleb, est un Arabe. Il y a des Africains, des Portugais, des Brésiliens, des vedettes françaises... Ceux qui critiquent le PSG aujourd'hui, qui parlent d'une machine à fric faite de mercenaires venus gagner de l'argent, ignorent tout de l'histoire du club. Entre les années 70 et aujourd'hui, il y a eu l'époque Canal+. Le Canal version « hype branchitude XXL ». Ginola en est le joueur symbole. Le premier joueur « pub » et beau.

Le PSG de cette époque, c'est un peu mon PSG. J'allais au Parc depuis quelques années déjà, mais c'est au début des années 90 qu'il est devenu impensable pour moi de rater un match. J'ai traîné un peu partout dans le stade avant de me fixer dans une tribune. Auteuil d'abord, quand le virage était coupé en deux avec les supporters adverses. En 1990, on pouvait assister à un PSG-OM dans la même tribune que les supporters de l'OM avec juste un cordon de CRS entre nous ! Incroyable ! J'ai fréquenté la tribune G quand le conseil général distribuait des places gratos. J'ai toujours pensé que le Parc des Princes était une sorte de laboratoire de la France. Le Parc était en avance sur le temps du pays. C'est là que j'ai pris conscience des fractures sociétales qui allaient faire parler d'elles des années plus tard. C'est en tribune G que j'ai été traité de « sale Français » pour la première fois et c'est à Boulogne que j'ai entendu qu'on sifflait les joueurs noirs. L'ambiance, les tifos, les supporters, tout se passait à Boulogne. Il fallait y aller. Même avec la boule au ventre. Même si on racontait des horreurs sur cette tribune. Les fachos en occupaient une partie et faisaient régner leur ordre. Évidemment, ils étaient minoritaires, mais la légende médiatique voulait qu'ils soient partout. Les CRS chargeaient régulièrement et il m'est arrivé de souhaiter que le PSG ne marque pas. Un but pouvait provoquer un mouvement de foule dangereux qui entraînait l'intervention de la police. Ça faisait deux chances de finir par terre. J'avais l'impression que de se rentrer dedans, ça faisait marrer aussi bien les supporters que les CRS. Petit à petit, j'ai réussi à me faire une place en haut à gauche. Loin du centre névralgique, mais pas trop non plus pour pouvoir observer et raconter ensuite. Quand, quelques années plus tard, j'ai lu *Carton jaune* de Nick Hornby, je me suis vu. Observateur du match et de la violence autour. L'adrénaline à distance. J'avais fini par trouver ça folklorique. Arriver deux heures avant, galérer pour garer la bagnole, bouffer le sandwich, discuter avec les potes, entendre qu'au loin ça avait chauffé, c'était l'intro de la soirée. Le décor. Après, il y avait le match qu'on gagnait très souvent, et puis la sortie du stade. Là, dans la rue, dans la cohue, le refrain *« juifs, juifs, juifs »* tombait toujours à un moment ou à un autre. Les rues du XVIe sentaient le fric et donc il fallait comprendre : juif = fric ! Avec mes deux potes juifs, ça ne nous empêchait pas de revenir. Soutenir le club était plus fort que tout. Dans une tribune de 5 000 personnes, on n'était pas obligé d'assumer les conneries d'une centaine d'abrutis, après tout ! En face de Boulogne, la tribune Auteuil était née petit à petit. J'étais super content de voir le Parc de plus en plus garni, avec de l'ambiance partout.

Une première page s'est tournée pour moi le soir de PSG-Arsenal, demi-finale de la Coupe d'Europe 1994. Comme d'habitude, j'étais arrivé deux heures avant. Isolés dans une rue adjacente au Parc avec le voisin de 14 ans que sa mère m'avait confié pour ce gros match, on est tombés sur les « hools » d'Arsenal. Le sweat Umbro du premier mec a failli m'induire en erreur, les mecs de Boulogne se sapaient comme les *casuals* anglais. Heureusement, on était assez loin pour détaler au plus vite et se rapprocher des CRS. Ils n'ont pas bougé. Ils ont regardé comme nous les hooligans sortir des mecs du resto italien de la rue du Commandant-Guilbaud et les traîner par terre à coups de pompes. Les supporters du PSG ont rappliqué et ça s'est forcément mal terminé. Je ne sais pas si le mec allongé dans une flaque de sang avec un trou dans la tête était de chez nous ou anglais. Mais moi, j'étais dégoûté. J'ai vu le match sans envie. Un match nul 1-1 pourri. Ginola a marqué.

Je ne sais pas à quel moment ça s'est définitivement dégradé. Les excès des années 90 faisaient rarement la une. Un titre de temps en temps et puis on oubliait. Canal gérait le club et la com'. Pour calmer les tribunes, on est allé jusqu'à embaucher des types louches. On a filé des contrats de sécurité à d'autres. Je crois qu'on faisait ça un peu partout en Europe. Petit à petit, les médias ont opposé Auteuil et Boulogne. On disait : la tribune « colorée » contre la tribune « facho ». Une belle caricature. Moi, ça me faisait chier parce que je n'étais ni l'un ni l'autre. Je suis devenu journaliste et j'ai évidemment arrêté de fréquenter les tribunes agitées. C'est de loin que j'ai vu la guerre éclater. Les fractures balbutiantes des années 90 se sont accentuées dès le début des années 2000. Et quand, à Auteuil, ils ont sorti la banderole *« L'avenir nous appartient »*, j'ai compris que l'explosion était proche. Deux bouts de France se sont opposés dans une guerre larvée. Une opposition politique et sociologique finalement assez peu relayée et racontée dans les médias. À la mairie de Paris, le socialiste Pascal Cherki soutenait Auteuil. Boulogne avait des soutiens dans la police.

Les rendez-vous sur les aires d'autoroute, les rencontres autour du stade sont devenus de plus en plus violents. Les jeunes d'Auteuil grandissaient, les mecs de Boulogne vieillissaient. Le rapport de force s'est peu à peu inversé. Ça ne pouvait pas bien finir.

Durant toutes mes premières années de journalisme, j'ai défendu les supporters et notamment ceux du PSG. Je comprenais leur passion, leurs excès. Il fallait avoir vécu ça pour comprendre. Au-delà des divisions des uns et des autres, je pouvais théoriser sur la violence sociale que peut subir un supporter face à la médiocrité de son club, de ses dirigeants, voire de ses joueurs. Le supporter devait être défendu, entendu. Mais quand Julien Quemener est mort près du Parc en 2006, quand Yann Lorence est mort quatre ans plus tard, un soir de PSG-OM, de la guerre entre Auteuil et Boulogne, j'ai arrêté de me raconter des histoires. J'ai soutenu le plan Leproux pour que les tribunes explosent et qu'on recommence tout. On m'a pris pour un traître, un vendu, un nouveau bourgeois. J'en ai eu marre de toutes ces salades, ces caricatures. Les tribunes vertueuses et unique refuge des valeurs du vrai foot. Les blancs contre les noirs et les arabes, Auteuil contre Boulogne. Les communautés, les clans dans lesquels on doit s'enfermer. Marre de la victimisation et des hypocrisies. Dix ans plus tôt, je croyais que le PSG était une famille. Un destin collectif pour un club comme pour un pays, quelle naïveté. Vivre côte à côte et non pas face à face, j'ai grandi en croyant à ça. *L'Archipel français*, de Jérôme Fourquet, est né au Parc des Princes.

***

Chaque club se construit sur sa nature profonde. L'OM de Tapie est rebelle. Le président homme d'affaires arrose des racines solides. Les clubs sont incarnés. Bordeaux par Claude Bez. Un notable de province. Un baron grande gueule. Nantes cultive son identité autour du beau. Saint-Étienne avait montré la voie aux autres. La méritocratie a récompensé les ouvriers. Le président Roger Rocher a gravi les échelons de la société. Les Verts respirent la France des Trente Glorieuses.

Dans la majorité des clubs aujourd'hui, les patrons sont comme les joueurs. Interchangeables. Les joueurs viennent quasiment tous de la région parisienne. Ils ont tous la même culture. Ils vivent, pensent et jouent tous de la même façon. Il n'y a qu'un moule. Les présidents sont les délégués d'actionnaires invisibles. C'est du foot hors sol.

***

Frédéric Thiriez a été le chef du village L1 de 2002 à 2016. Quatorze ans président de la LFP, et un bilan nullissime. Mais comment un type aussi éloigné culturellement du foot a pu rester en place si longtemps ? Thiriez n'a jamais rien compris au foot. Son allure « Hubert de Tartas » était aussi décalée que son propos. Les présidents de L1 ont dû trouver ça pratique de le garder si longtemps pour faire de la gestion. Après tout, il ne dérangeait personne. Thiriez a donc rangé des dossiers pendant quatorze ans. Il a organisé les appels d'offres pour les droits télé. On lui a attribué l'augmentation des tarifs. Je n'ai jamais compris en quoi c'était si extraordinaire. Il prend une équipe marketing pour découper les lots du produit et il ouvre des enveloppes avec de l'oseille dedans. Mais bon, c'est pas pour sa belle moustache que tel ou tel diffuseur allonge l'oseille, si ? C'est pas parce qu'il a bien vendu le produit. Arrêtons de raconter des conneries.

Pourtant, Frédéric Thiriez, c'est une pointure. Un énarque premier choix. Avocat à la Cour de Cassation, au Conseil d'État. Une fine fleur de l'élite française. Il s'est même vu confier une mission récemment par le président de la République. Réformer l'ENA. En gros, faire en sorte de rapprocher l'institution de la « réalité ». Donner l'illusion de rapprocher les élites du peuple. Idée bien démago post « gilets jaunes » de nivellement vers le bas.

Demander à un type qui semble vivre en permanence sur une autre planète de redescendre sur terre, l'idée est pour le moins audacieuse.

La planète foot, Thiriez ne l'a jamais trouvée. Il est resté en orbite pendant tout son mandat.

La première fois que je l'ai vu, c'était au bord d'une piscine à Limassol, Chypre. En marge d'un match de l'équipe de France. Le président de la LFP est toujours invité aux matches des Bleus. Il était sorti de l'eau après quelques longueurs, était resté quelques minutes sur le bord, seul. Il avait enlevé son maillot en se cachant à peine avec un bout de serviette et, sans s'essuyer, avait enfilé son pantalon. J'avais trouvé ça surréaliste. Il fréquente le Cap d'Agde l'été ou bien ? Je m'étais dit un truc du genre : *« Mais qu'est-ce que c'est que ce guignol ? »* Mouillé et à poil dans son futal ! C'est ça le boss du foot ?

Thiriez adore nager. Pendant son mandat, pour le trouver, il suffisait d'aller à la piscine du Fouquet's, avenue Georges V. L'homme de la gauche caviar aime fréquenter les beaux endroits. C'est toujours plus confortable de parler des problèmes de société sur une moquette épaisse, au coin d'une cheminée, avec un bon cigare.

Après ses longueurs, il retrouvait régulièrement son ami et conseiller non officiel Vincent Labrune, alors boss de l'OM. Pas de décision prise sans consultation de « monsieur Je-sais-tout » ! Pas loin, près du bar, traînait souvent l'inutile Frédéric Jaillant, ancien journaliste à TF1. Il officiait dans *Téléfoot* à l'époque où dominait l'idée que journalistes et cireurs de pompes étaient des métiers cousins. Jaillant était le mec de la com' de Thiriez. Son conseil, unique, était bref et efficace : *« Surtout, tu ne parles jamais aux journalistes ! »* En plus d'être mauvais, Thiriez se complaisait donc dans le rôle du type coupé de tout.

C'est fou le nombre de fonctions que Thiriez a exercées. Membre du conseil stratégique de l'UEFA, président de l'association mondiale des ligues de football professionnel, et j'en passe. Mais qui a décidé qu'il était compétent ?

On ne peut pas tous être cons ? Quand on l'écoute, on n'est pas tous demeurés au point de ne pas comprendre ? N'importe qui était capable de constater qu'il faisait des phrases, qu'il associait des mots qui ne voulaient rien dire.

En septembre 2013, Frédéric Thiriez a publié *Le foot mérite mieux que ça* aux éditions du Cherche midi. Un livre dans lequel il *« décide d'instruire le procès du football à charge et à décharge »*, afin de *« combattre les préjugés et les idées reçues sur le football »*. Il en a vendu un peu plus de 3000 exemplaires. C'est pas si nul pour un livre aussi nul. Dans pareilles circonstances, le pire vient toujours des proches. Personne ne lui a dit que le titre serait sujet à toutes les moqueries ? Oui, la L1 aurait mérité mieux que ce président et son action.

Cinq ans après son entrée en fonction, Thiriez nous avait offert un programme. Une promesse. Un plan. Son nom ? « Footpro 2012 ». À l'horizon 2012, le football professionnel français devait répondre à une dizaine d'objectifs. Une ambition folle, avec pour résultat la pire période de l'histoire de notre football !

C'est à Metz, lors de l'assemblée générale de la LFP, le 16 juin 2007, que Thiriez dévoile Footpro 2012. Il y a là tout le gratin du foot et il s'agit d'en mettre plein la vue à tout le monde. On n'est pas loin de la renégociation des droits télé et il faut séduire. À chaque fois, c'est la même tactique. Pour la Ligue, le plus dur c'est de choper le bon moment pour lancer l'appel d'offres. Ça a toujours bien fonctionné. Et si on regarde le rapport qualité du produit/prix d'achat, les diffuseurs se sont toujours fait enfler. Sous Thiriez, la LFP a profité des ambitions de TF1/TPS pour faire grossir le gâteau. Ce sont ensuite des concurrents comme Orange puis BeIn Sports qui ont joué le rôle du pigeon. La dernière salve a été la plus belle. En 2017, Monaco réalise une saison géniale et passe devant le PSG ! Nice brille aussi, et quand l'OM et l'OL vont revenir, mais ça va devenir le championnat le plus dingue du monde ! Vexé de s'être fait battre, le PSG envoie l'oseille à la tronche de l'Europe. Neymar

+ Mbappé = 380 millions en un été ! Monaco a son Russe. Des Américains débarquent. C'est la fête ! Vite, on lance l'appel d'offres, on anticipe, on s'en fout. Mediapro enfile sa belle robe grise et roucoule de plaisir en lâchant le milliard ! Bingo ! On a jusqu'en 2024 maintenant pour choper un autre bon moment.

Mais revenons au plan Thiriez. Dix objectifs, donc. Il faut les relire pour bien prendre conscience de la catastrophe. D'ici à 2012, on voulait :

– gagner la Ligue des Champions, au moins une fois

– passer troisième à l'indice UEFA (à l'époque, la France était quatrième)

– aligner à chaque saison deux clubs en quart de finale des compétitions européennes

– compter une moitié de joueurs internationaux au sein des effectifs du championnat et être le pourvoyeur des deux tiers de l'effectif de l'équipe de France.

Vertigineux, non ? On peut aussi ajouter qu'il fallait atteindre un chiffre d'affaires de 1,5 milliard d'euros en 2011-12, parvenir à l'équilibre budgétaire de tous les clubs sans avoir recours à la balance des transferts, accroître les recettes de billetterie pour atteindre un quart des ressources des clubs, moderniser une quinzaine de stades de Ligue 1 ou Ligue 2 et enfin obtenir l'organisation de l'Euro 2016.

Alléluia, ça on l'a eu ! L'Euro 2016 a bien eu lieu en France. Frédéric Thiriez n'y est pour rien, mais c'était dans le plan.

Non seulement notre foot est resté à des années-lumière du plan Footpro 2012, mais il a, en plus, nettement reculé par rapport à son niveau de 2007. Le chiffre d'affaires global tient grâce aux résultats du PSG. Et c'est encore au PSG que la L1 doit de s'accrocher à sa cinquième place européenne.

Pour le volet financier du plan, là encore l'échec est total. Les clubs vivent principalement des transferts et des droits télé. Et au final, notre foot est déficitaire.

Le plan Footpro a logiquement été discrètement mis au placard. Même Thiriez s'est aperçu que les objectifs ne seraient jamais atteints. Il a tenté de corriger le tir. Une sorte de contre-attaque « chouineuse ». En gros, si on n'y arrive pas, c'est la faute au fisc ! Celle-là, on nous l'a bien vendue. Les présidents ont relayé l'excuse avec brio. On perd en Coupe d'Europe parce que les autres payent moins d'impôts.

Ok donc, nos clubs se font taper par des équipes de troisième zone – et je ne parle pas de clubs portugais, russes ou ukrainiens, mais de chypriotes, roumains, tchèques, azéris – et c'est la faute du fisc !

Durant la majeure partie du mandat de Thiriez, le foot pro français a traversé la pire période de son histoire. Nos clubs se sont enfoncés dans une médiocrité totale. L'exigence a disparu, remplacée par l'indulgence. Le je-m'en-foutisme est devenu la règle dans tous les clubs. Mettre tout ça sur le dos de Thiriez ? Jamais. Impossible. Il n'y est pour rien. Il aurait fallu qu'il comprenne le vrai problème. Le président de la LFP ne maîtrisait pas le sujet essentiel : le jeu !

***

Qu'est-ce qui a poussé le journaliste Éric Neuhoff à écrire *(Très) cher cinéma français* ? Une sortie de salle qui s'est mal passée ? Un ras-le-bol ? Un énième film pourri qu'on a survendu dans les médias au terme d'une promo marathon bienveillante ? Une nausée quand on lui a répété pour la millième fois que Guillaume Canet et Marion Cotillard étaient les génies du cinéma français ? Un étourdissement quand il a encore entendu qu'il y avait du Belmondo chez Jean Dujardin ? Un manque d'oxygène face à la force du message politique envoyé depuis leur villa de Los Angeles par le couple Sy ? Ou bien un état léthargique dépassé devant une énième cérémonie des Césars ? Et dire qu'il a écrit son livre avant l'édition 2020 ! La soirée *Apocalypse Now* du cinéma français. Il aurait adoré pouvoir intégrer ce moment dans son livre. Évidemment.

C'est donc lui qui m'a poussé à me lancer. À parler de mon *« cher football français »*.

J'ai toujours lu ses chroniques et critiques cinéma avec plaisir. Pendant le Festival de Cannes, il est encore meilleur. C'est sa Ligue des Champions. Il découpe avec finesse et élégance. Ce que j'essaye, en vain, de faire depuis des années. J'arrive avec une belle lame bien aiguisée, mais ça se termine toujours à la hache. L'exaspération m'envahit trop vite. Lui garde une distance de type anglo-saxonne. Je garde mes excès méditerranéens. On ne peut pas se refaire. À quoi bon, après tout. Je ne lutte même plus.

Le livre de Neuhoff était déjà sur mon bureau quand Pascal Praud m'a appelé. Pour quel motif, je ne sais plus. Pas pour parler de foot, je lui ai dit depuis longtemps qu'il avait bien fait de tourner la page. Ses émissions sur CNews sont excellentes.

Son approche du foot façon « daron », je m'en passe volontiers. Il me doit encore plusieurs restos de paris perdus. Et à part radoter sur Coco Suaudeau…

« T'as lu le livre de Neuhoff ? C'est pour toi. Tu dois faire la même chose sur le foot. » Merci Pascal. Passe décisive. Il n'y a plus qu'à…

Praud mélange brio et légèreté. Je l'ai croisé pour la première fois à Chypre en septembre 2002. En marge d'un déplacement autour de l'équipe de France. Le même jour que la sortie de piscine gênante de Thiriez.

Un journaliste de sport qui fume le cigare et lit Alexandre Dumas au bord d'une piscine, c'est peu banal. Dans les stades, les confrères étaient plutôt l'expression de la « beauferie » qui entoure traditionnellement l'image du foot. La laine polaire était le vêtement dominant. Drôle et cultivé, Praud était souvent raillé par le microcosme footballistique, et surtout par les mecs de *L'Équipe*. Un atout considérable, et rien que pour ça, j'avais décidé qu'il valait la peine d'être connu et fréquenté. Peu importent ses avis sur le foot.

Il a œuvré à ma participation épisodique à l'émission *On refait le match,* d'Eugène Saccomano. J'ai ainsi approché, puis connu tous les « papas » de la profession. Ceux qui étaient autour de Sacco donc, mais aussi les autres : Vendroux, Roland, Kedia. Tous ont été formidables. Rien à dire. Pas la même vision du foot, du métier, mais qu'importe. J'ai vécu comme un honneur de fréquenter ces types-là ! Humainement, avoir eu comme patrons Vendroux et Kedia fut une chance. Moi qui ai toujours flirté avec la nostalgie, j'étais servi avec leurs vieilles anecdotes. C'était toujours drôle et bienveillant. Ça sentait la France des années 70. Sautet, Belmondo, Marielle.

***

Rien à voir avec Biétry. Je n'ai jamais été de son école. La fameuse école Canal. L'homme pour qui le métier de journaliste de sport consistait d'abord à

« véhiculer l'émotion ». On a des abonnés, on vend notre soupe. Un concept qui m'a toujours laissé bouche bée. Pas de critique ! Il expliquait ça avec un argument massue et une anecdote : *« Un jour, un mec a critiqué un gardien de Nantes après un match raté. Le joueur avait perdu sa fille quelques jours plus tôt. Il vaut mieux fermer sa gueule quand on ne sait pas. On n'est pas là pour ça... »* Pendant longtemps, ça m'a hanté. Quand je critique un mec... et si jamais... Et si le mieux était d'avoir l'info ?

Véhiculer l'émotion, donc. Oui, mais laquelle ? Et quand il n'y en a pas ? On invente ? On raconte quoi au type devant la télé ou au stade ? On considère que c'est un pion, un client, un abonné qui vient juste pour se divertir et gober les mouches ? Quel mépris.

La leçon n'a pas été retenue. Désolé. Pas plus que celle d'Olivier Mazerolle. Un type calme et posé pour qui rien ne semblait grave. Autour d'un dîner chez un ami d'enfance, il avait, sans le savoir, fait naître chez moi une vocation. J'ai beaucoup de respect pour la carrière de cet ex-patron de beaucoup de rédactions (il était alors à RTL). Mais il m'avait « remué » en m'expliquant, au printemps 1993, qu'il n'y avait rien à faire ni à dire sur Bernard Tapie : *« Il est tellement protégé ! »*

Jeune et agité, je décidais que dire devait être possible. Pas de malentendu, je ne me suis jamais imaginé en révolutionnaire. Renverser la table, pourquoi pas, mais si on peut manger dessus après. Mon idée du changement a plus comme référence le prince de Lampedusa ou Sergio Leone que Bakounine ou Trotski. La révolution, c'est un truc de bourgeois ou de fils de prof. Moi, je viens de la terre et l'un de mes héros est Juan Miranda (joué par Rod Steiger) dans *Il était une fois la révolution*, quand il explique à l'Irlandais John Mallory (joué par James Coburn) : *« Nom de Dieu, je sais très bien ce que c'est, la révolution. La révolution, c'est quand les gens qui savent lire vont voir ceux qui ne savent pas et qu'ils disent que le moment est venu de changer tout ça ! Alors ils expliquent ça aux pauvres bougres qui font le changement. Après, les plus malins de ceux qui savent lire se mettent autour d'une table pour bouffer et blablater. Et pendant ce temps-là, ils font quoi les pauvres bougres ? Rien. Ils sont morts ! Et qu'est-ce qu'il se passe quand c'est fini ? Rien, tout recommence comme avant. »* Après ça, l'Irlandais n'avait plus qu'à jeter son livre de Bakounine dans une flaque de boue.

Modestement, j'ai juste tenté de me planquer derrière deux trois principes du genre : *« Blâmer ou faire l'éloge sont des opération sentimentales qui n'ont rien à voir avec la critique. »* Cette phrase de l'écrivain argentin Jorge Luis Borges m'a servi de guide. La vérité telle qu'on la voit, c'est si difficile à appréhender ?

J'ai donc globalement approché et plus ou moins bien connu tous les « papas » du métier. Tous ont un point commun. Avoir mangé dans la gamelle de Bernard Tapie. Tous savaient mais ne pouvaient rien dire. Ne voulaient rien dire. Je n'ai jamais vraiment su. Une fois, Biétry a tout de même craqué. Je me souviens du moment où il a parlé de l'instant où il a su, où il a compris que ce qu'il diffusait sur Canal, ce match de l'OM, ce n'était pas du foot, mais du théâtre. Il a confié avoir pleuré. Mais tout le monde a continué, disait-il. Impossible de faire autrement.

Les gens veulent-ils vraiment savoir la vérité ? En 1998, sur les routes du Tour de France, les journalistes qui ont osé parler du dopage se sont fait insulter. D'autres ont préféré écarter le sujet. Le confort, c'est une option facile. Cirer le cul de Bernard Tapie a été le choix de la majorité. Revoir un *Téléfoot* du début des années 90 et se demander si c'est un sketch parodique des Inconnus, l'expérience vaut le détour.

C'est toujours marquant de parler foot avec Bernard Tapie. Au-delà de ses immenses et immondes turpitudes seulement ignorées aujourd'hui par les plus aveugles et les plus stupides de ses dévots, ses analyses sont souvent très justes. En 2003, pour *PSG-OM, les meilleurs ennemis*, co-écrit avec Jean-François Pérès, il m'expliqua pourquoi le foot français était aussi nul. En substance, il flinguait des dirigeants d'une incompétence crasse. Des boutiquiers sans envergure. Il pointait du doigt le média dominant, *L'Équipe*, responsable de la mentalité foot du pays. Des peigne-culs envisageant le foot avec un esprit de patronage. Le regard est cinglant, et force est de constater que rien n'a vraiment changé. J'ai fait une ou deux émissions *On refait le match* avec Tapie. Pas plus. La première, j'avais osé le contredire. La deuxième a dû lui servir à dire : *« Il est encore là, ce petit con ? »* Et je ne suis donc pas revenu en sa présence. J'adore penser que j'aurais fini par l'affronter. Je voulais ce moment. C'est peut-être prétentieux. Pourquoi personne ne l'a fait ? Pourtant, tout le monde savait. À TF1, je comprends. C'était licenciement immédiat. Des mecs qui ont envie de perdre leur job bien payé, c'est rare. Dans les années 90, à TF1, Tapie était considéré comme une star de l'antenne, au même titre que PPDA ou Anne Sinclair. Intouchable. À Canal, il était un partenaire de business tout aussi inattaquable. À Marseille, on continue de le vénérer. *« Les autres (présidents) n'ont pas fait mieux, ou ont fait pire »* sert de leimotiv et d'excuse. On s'autopersuade. Pourtant, on sait tout. Les anciens ont parlé. Les procès-verbaux existent, les témoignages sont accablants, les faits déroutants. Il suffit de vouloir lire. En 2010, lors de la fête du titre de champion de l'OM, j'avais été surpris que José Anigo ose lâcher devant moi : *« Celui-là, au moins, on l'a pas volé ! »* Anigo, l'un des rares à s'être opposé à Tapie et à son fidèle serviteur Deschamps. Je soutiens le vrai Marseillais plutôt que ceux d'adoption pour qui tous les moyens étaient bons pour faire gagner l'OM. Aujourd'hui, Anigo déclare avoir de l'estime pour Tapie, même s'il n'ignore rien. Le temps a imprimé la légende. Tapie est un héros local. Personne, et encore moins un enfant de la ville, ne va tenter de raconter autre chose.

Cela peut sembler paradoxal, mais contrairement à ce qu'on croit trop bêtement, j'ai beaucoup d'affection pour les vrais supporters de l'OM. Par « vrais », j'entends ceux qui sont réellement de là-bas. Les « rattachés » sont souvent plus extrémistes et sans recul.

En 1995, le PSG a reçu Milan au Parc des Princes en Ligue des Champions. Milan, la capitale lombarde, bastion de la Ligue du Nord. Ce soir-là, j'ai eu l'impression qu'on avait créé une banderole privative, rien que pour moi. En italien et sans sous-titres : *« Siamo sempre i terroni di qualcuni »*, *« On est toujours le cul-terreux de quelqu'un »*. Du Nord en France, du Sud dans mon pays d'origine, je connais les deux sentiments. Rejeter et être rejeté.

Qu'est-ce qui peut pousser certains confrères, beaucoup trop, à être toujours aussi dithyrambiques sur Tapie alors que dans le même temps, les mêmes assassinent Michel Platini ? Hein Pascal ? Explique-moi cet inversement de valeurs sidérant.

Oui, je préfère Anigo, celui qui a toujours eu l'image du voyou. Et Bernès aussi. Avec Courbis, on a un beau trio de Marseillais. Les trois ne sont pas vraiment amis, mais moi, j'ai de l'affection pour les trois. Une sorte d'affinité culturelle naturelle.

Bernès, c'est le repenti. L'homme qui a tout avalé, digéré, encaissé. Celui qui a le plus souffert de la période Tapie. Il couvrait tout et préparait tout. La cheville ouvrière de cet OM, c'était lui. Il se serait coupé un bras pour Tapie.

Il y a un peu moins de dix ans, Bernès m'a invité à venir le rencontrer chez lui, à Cassis. On a déjeuné dans un très bel endroit. Entendre régulièrement parler des vieilles histoires lui faisait du mal. Devenu l'agent français le plus influent, il œuvrait depuis des années à sa rédemption. Il avait payé sa « dette ». Il m'a acheté ? Je n'ai jamais eu cette impression. Depuis toujours, j'entends des horreurs sur lui. Comme sur Courbis ou Anigo. Je m'en fous !

On ne devrait peut-être jamais rencontrer les gens dont on doit parler ensuite. Quand les sentiments s'en mêlent… Mais peu importe, j'ai déjeuné avec un homme que j'ai trouvé sincère dans sa quête de rédemption. Il a parlé de sa foi aussi. Il m'est alors apparu comme un personnage de Scorsese. Ça m'a ramené à « mon » Sud ! La famille, les clans, la loyauté, la foi, le rapport bien/mal, l'engrenage et ce foutu code d'honneur cause de tant de tourments. Il n'y a pas d'école pour comprendre cette culture. On naît dedans.

Deschamps, qui entraînait l'OM à l'époque, nous a rejoints en fin de repas. Les deux ont toujours été proches. Mais l'homme qui fait gagner les Bleus n'a, lui, jamais manifesté une once de regrets par rapport à ce qu'il a vu et fait. Lui est dans une négation totale. De l'OM, de la Juve et de ses procès, il ne sait rien. À ses yeux tout est blanc-bleu ! Dire qu'il m'a beaucoup moins intéressé humainement que Bernès est un euphémisme.

J'avais, à l'époque, des rapports cordiaux avec le futur sélectionneur des Bleus. Deschamps a besoin d'être en confiance quand il parle avec un journaliste. Il doit pouvoir contrôler la situation. Il aime dire qu'il n'écoute rien et regarde peu. C'est faux. Il veut se donner un genre détaché, mais il sait tout et on lui remonte tout. Selon lui, un journaliste doit lui être dévoué, sinon il n'entretient aucun rapport. À Marseille, il s'était mis dans la poche le gars de *L'Équipe* qui suivait l'OM. Suivre l'OM au quotidien, c'est une lourde charge. Il faut être bien avec toutes les composantes de ce club : dirigeants, staff technique, supporters, confrères locaux… Certains ont vécu des coups de pression terribles, de longs arrêts-maladies. Quand il suivait l'OM, Raphaël Raymond avait choisi de se mettre sous la tutelle de Deschamps. Il paraît qu'il m'en veut beaucoup quand je dis ça. Étonnant de ne pas assumer une chose connue de tous. Il est devenu attaché de presse de l'équipe de France : Deschamps ne pouvait lui promettre moins. C'est son mode de fonctionnement. À un moment, il ne servait plus à rien de se cacher, autant faire venir le laquais à Versailles. Après tout, on a vu des choses bien pires en politique. Le relativisme file toujours un coup de main.

Deschamps, c'est le grand homme du football français. Un puits de science footballistique. Cela dit sans ironie. Unanimement salué par tous. Tant qu'on n'a pas eu directement affaire à lui. Sinon, le sentiment est bien moins positif. Avoir autant gagné que lui et être finalement aussi peu respecté humainement, c'est étrange et suspect. La dernière fois que je lui ai parlé, ça a mal tourné. Je crois que j'avais gagné sa confiance depuis quelques années. Ça voulait dire en gros que je pouvais l'appeler quand je voulais. J'avais son numéro privé. Mais ce type de rapport sous-entendant une subordination tacite ne m'intéressait pas. Si un jour je devais dire quoi que ce soit de déplaisant à son égard, me retenir eût été une faute. Un soir, alors qu'on venait d'apprendre que lui, Bernès et quelques autres *happy few* étaient au courant de ce qui se préparait à Knysna, j'avais déclaré que Deschamps était tout de même toujours présent quand il y avait une affaire louche dans le foot. Le yacht de Tapie avant OM-VA, le procès du dopage de la Juventus…

Il y avait écrit « Inconnu » sur mon téléphone. J'étais au Parc, un mercredi avec les enfants. Je ne sais pas si j'ai eu droit au « bonjour ». On est vite passé à l'insulte. Je ne me suis pas laissé faire et il s'est calmé. L'appel n'a servi à rien. Il suffisait juste que j'oublie son numéro, que de toute façon je ne composais jamais. Rien n'a changé, finalement. Jamais une altercation ou explication avec un acteur du foot ne m'a réellement touché. Et jamais ça n'a modifié mon point de vue. Sur Deschamps, mon avis reste le même. C'est un puits de science footballistique, mais je ne partage pas sa vision du jeu… ni des rapports humains. Mais ça, c'est autre chose.

Après la Coupe du monde, j'ai été contacté par une boîte de production qui préparait un documentaire sur le héros de la France du foot. On cherchait des gens qui pouvaient émettre un avis négatif sur notre grand homme national. On m'a catalogué dans ce camp en raison de mes critiques sur les Bleus pendant le Mondial. C'est surtout le jeu de l'équipe de France que j'ai critiqué, mais c'est assez pour être rangé dans les anti-Deschamps. Aller témoigner dans un doc réalisé par Nagui, le meilleur ami du sélectionneur, ça me semblait inutile, mais je l'ai fait. J'ai été convoqué pour le jour réservé aux

« méchants ». J'ai attendu mon tour comme chez le médecin. Je suis passé après Pierre Ménès. Lui non plus n'est pas un admirateur du héros. Le doc a été diffusé sur TF1. Comme prévu, une belle hagiographie dont j'ai été l'« idiot utile ».

Les témoignages dans les docs ou reportages sont potentiellement tous des pièges à cons. On ne sait pas comment ça va être monté, quel bout de phrase sera retenu, quel est le but de l'opération. On devrait demander à « checker » le résultat final, mais le journaliste ne veut jamais, sinon c'est apparenté à un contrôle de l'info. C'est inextricable, en fait. Pour le doc sur Deschamps, j'étais préparé, mais finalement ça n'a pas fait grand bruit.

En 2013, à l'occasion de la sortie de mon livre *Racaille Football Club*, j'avais été glacé par la prestation de la « journaliste » Rokhaya Diallo. Elle n'était pas encore indigéniste et je ne la connaissais pas. J'accepte que l'interview se fasse chez moi. Je demande à ce que les images ne montrent pas mon intérieur (j'ai le droit). Résultat, elle l'a montré quand même, et surtout son montage n'avait qu'un seul but, me faire passer pour un facho. Elle n'avait rien lu du livre, si ce n'est son titre. Suffisant pour elle et sa pensée qui me file la nausée. S'il dit « racaille », il pense « noir », il est donc « facho » ! J'avais beau expliquer que je parlais d'une culture et jamais d'une couleur, elle n'en avait rien à cirer.

Heureusement, son reportage est passé sur une chaîne sans importance.

Les ravages d'une image sortie de son contexte, c'est désormais de la plus grande banalité. Parfois, on ne sait même pas pourquoi et comment elles sont interprétées de telle ou telle façon.

Au début de la chaîne RMC Sport 1, Laurent Salvaudon a créé un magazine de reportage : *Transversales*. C'est avec plaisir que je le présente encore aujourd'hui. Les premiers temps de cette aventure, je me suis beaucoup déplacé, notamment à la rencontre des acteurs du foot. Au début de la saison 2016-2017, la « hype » Pascal Dupraz battait son plein. Quelques mois plus tôt, il avait sauvé Toulouse de la relégation au terme du dernier match de la saison, à Angers. Les coaches ayant réussi à se maintenir lors de la dernière journée sont légions. Chaque année, on assiste à cette performance somme toute banale. Dans le cas du TFC 2016, il faut dire que ce maintien avait été arraché, en plus, au terme d'une remontée spectaculaire dans les dernières semaines. Gagner à Angers, qui était déjà en vacances, le dernier match était presque la performance la moins dure à réaliser.

Ce dénouement va pourtant forger une belle réputation à Dupraz. Habile, il avait ouvert les portes de la préparation du match aux caméras de Canal, chaîne où il avait travaillé dans l'émission *J+1*, une belle création télévisuelle de Laurent

Salvaudon. Magnifiée par l'image, la tension de ce dernier match avait éclaboussé la fin de la saison de L1. On y voyait un Dupraz motiver ses joueurs en chargeant la mule de l'émotion. Une sorte de *Confession intime* appliquée au foot, avec femmes et enfants. Effet garanti, Dupraz devient pour quelques mois un héros.

La saison reprend et les conférences de presse du coach à la mode deviennent un show. Il est l'homme du moment. En France, la démagogie du petit club sans moyen qui résiste aux puissances de l'argent, c'est toujours une valeur sûre.

Malgré sa popularité, je n'ai jamais cru que Dupraz était un bon entraîneur. Ce n'est même pas un entraîneur du tout. Au mieux un prof de sport qui tape dans les mains et qui demande à ce qu'on sorte les couilles parce qu'on est pas des « pédés », hein ! Ses compétences se limitaient, à mes yeux, à crier fort. La « hype » médiatique qui l'entourait alors lui a permis d'être écouté des joueurs pendant quelques semaines. Voilà tout, et rien de plus. Et pour avoir douté publiquement de ses compétences, il m'a interpellé indirectement dans l'une de ses conférences de presse. Bingo : la chaîne pense que ce serait une bonne idée d'organiser une rencontre et une interview choc. Ce genre de coup ne m'a jamais intéressé. J'avais lu plusieurs entretiens de cet entraîneur et à part son amour de la Savoie, je n'en avais rien retenu. Salvaudon et mon pote Julien Cazarre, qui avaient bossé tous les deux avec lui à *J+1*, m'encouragent : *« Tu vas voir, c'est un type sympa. Après l'émission on allait boire des bières, il est cool. »* Je n'aime pas la bière et le mot « cool ». Ça veut tout dire et rien dire. Après trois bières, tout le monde devient « cool » ! Le rendez-vous est pris en deux minutes. Dupraz adore parler aux journalistes.

Il fait une chaleur dingue place du Capitole en cette fin septembre. Rendez-vous, interview et voyage aller-retour, l'idée est de faire ça vite. On arrive pour midi et on doit reprendre l'avion de 16 heures. Dupraz est attendu à 12 h 30. Mais la nouvelle star arrive à 14 heures. Pour un mec qui passe son temps à parler de « valeurs vraies », de « simplicité » et qui se fait passer pour un homme du peuple, il affiche un comportement de rock star. On décide de filmer son arrivée. Le « before » entretien. Le temps presse et on est en situation d'urgence. Il le sait mais s'en fout. Il se lance alors dans un one-man-show ridicule en m'invectivant. Grosso modo, son propos est de dire que je suis un sale mec. J'écoute à peine. Il faut gérer le temps et l'organisation de l'interview. Sa petite crise, sorte de mise au point dont je me contre-fous, passe vite et on va s'asseoir. Son sketch est suivi d'échanges très courtois hors caméra. Il me demande d'où je viens, mon histoire en cinq minutes chrono. À quoi bon le sketch sur le sale mec ? On fait l'entretien. Trente minutes pas terribles. Il se compare à Alex Ferguson, son modèle. Il est incapable d'expliquer comment joue Manchester United mais il adore Sir Alex. La séquence finale prévoit que nous marchions côte à côte dans une rue. Le temps est compté. On aurait pu éviter cette séquence, mais non. Je donne mon sac au cadreur. Même si j'aime beaucoup ce petit sac acheté en Grèce quelques semaines plus tôt, il n'a rien à faire à l'antenne. Voilà, c'est terminé. Dupraz est « cool », comme annoncé. On se quitte en sourire et on trace pour choper l'avion à l'arrache.

Transversales en est alors à ses balbutiements et quasiment personne ne regarde. Je ne sais pas qui a eu l'idée chez nous de mettre sur Twitter la séquence initiale, celle du sketch du « sale mec ». J'aurais pu m'y opposer. Après tout, j'étais alors le rédacteur en chef de l'émission. Je n'ai rien dit. Sur le réseau social poubelle, la séquence va cartonner. Il paraît que je suis ridicule parce que Dupraz m'insulte et que je ne dis rien. Je n'ai jamais compris pourquoi. À ce moment précis, j'avais la tête à mille choses, sauf à ce que disait Dupraz. Ça me semblait surréaliste. J'ai été surpris, et encore, je n'ai quasiment aucun souvenir du moment de la poignée de mains et des insultes. Sur quarante-cinq minutes passées ensemble, quarante avaient été « cool ». J'avais effacé les cinq premières. D'ailleurs le soir même, dans l'*After*, j'avais dit que l'entretien avec Dupraz s'était très bien passé. Pourtant le lendemain, en conférence de presse, il me taille à nouveau ! Là, je tombe des nues. Je ne comprends pas. Je lui envoie un SMS pour demander des explications. Il m'envoie chier. Je lui réponds vertement. On s'insulte. Je veux savoir pourquoi ce triple jeu ? Et là, il me répond en substance que faire porter son sac par quelqu'un, c'est dégueulasse ! Je ne comprends rien à ce qu'il veut dire. Il insiste et envoie encore deux SMS en référence à mon sac. Je finis par comprendre. Pour les besoins de l'image, j'avais demandé au cadreur de porter mon petit sac grec ! J'ai failli convoquer Columbo pour éclaircir la situation. Quand j'ai compris, j'ai signifié à Dupraz ce que je pensais de lui. Con, non. Plutôt une sorte de fou. À cause de Twitter, le public n'a retenu de tout ça que les cinq minutes initiales et un gros titre tapageur : *« Riolo est secoué par Dupraz »*.

Médiocre entraîneur, l'histoire s'est mal terminée à Toulouse, comme partout où il est passé. Même à Évian, son club, sa région, personne ne l'a jamais regretté.

À Amiens, un an plus tard, j'ai croisé les anciens membres de son staff au TFC. Tous m'ont confirmé ce que je pensais de lui. Aujourd'hui, il végète à Caen, en L2. La « hype » Dupraz n'existe plus et tout le monde a oublié. Il a été à la mode à peu près aussi longtemps que le pantacourt ! Mais comment un tel entraîneur a-t-il pu avoir les faveurs de notre football ?

Quatre ans plus tard, je dois avouer avoir été marqué par cet épisode. Ce qui en est ressorti en priorité. Le buzz des réseaux sociaux. Son exploitation. Quoi de pire que d'être assimilé à quelque chose qui n'est pas vous ? Ou à un propos qui n'est pas le vôtre, qui est déformé, tronqué, coupé ? Avec le recul, j'en ai voulu à ceux qui ont voulu faire le buzz avec cette petite séquence. Je n'ai rien dit. La liberté dont je jouis à l'antenne dans l'*After* m'a toujours poussé à ne jamais vouloir me plaindre de quoi que ce soit. Ça serait indécent, je crois !

L'époque fracasse les nuances. Le mot n'existera bientôt plus. Quand on s'exprime, on est dans un camp ou dans celui opposé. Au milieu ne veut rien dire. Changer d'avis n'est plus autorisé. Évoluer, réfléchir, non plus. Si un jour on a dit blanc, jamais un autre mot ne sera toléré. Vous êtes dans le camp blanc à vie ! Changer d'avis devient presque impossible.

***

Dans le foot, Franck Ribéry nous a appris que *« la roue tourne va vite tourner »*. Ce n'est pas la girouette qui tourne, mais le sens du vent. C'est l'idée qui a probablement animé Noël Le Graët tout au long de sa carrière.

Le vent, son sens, la cohérence, le patron du foot français n'en a jamais rien eu à branler. Ce n'est pas pour rien si son surnom est depuis longtemps « Rien

À Branler ». Ça signifie quoi ? Tout simplement qu'à part ses intérêts, il se fiche de tout le reste. Surtout après l'heure du déjeuner et les nombreuses coupes de champagne qui vont avec.

La droiture, un gros mot pour cet homme de gauche convaincu, est réservée aux membres de son clan. Bretons principalement, mais pas que. Une maison dans la région, ou des vacances régulières dans le coin, ça peut suffire. Raymond Domenech a ainsi été adoubé. Les sélectionneurs doivent prêter serment et promettre allégeance ou partir. Après le plus nul sélectionneur de l'histoire des Bleus, Laurent Blanc a payé sa trop grande indépendance. Deux ans de contrat, pas plus. Didier Deschamps attendait la place, et lui sait respecter les patrons. Le coach champion du monde a toujours aimé se soumettre. De Tapie à Le Graët, il aime ses patrons et n'est pas du genre à moufter. Une histoire n'a jamais cessé de me passionner d'un point de vue humain : Deschamps était le « fils » du boss de l'OM. Il savait tout des magouilles de l'époque. Face à eux, Le Graët, alors patron de la Ligue, était comme une sorte d'Eliot Ness du foot français. Il est parvenu à faire tomber Tapie. Dans ce casting, il ne faut pas oublier Jean-Pierre Bernès. L'ex-directeur sportif du grand OM. Le bras droit. Celui qui va faire de la taule à cause de Le Graët.

Les années passent et malgré tout, Bernès devient l'agent le plus influent du foot français. Celui de Deschamps, évidemment. Et le duo devient très proche de l'ancien ennemi, Le Graët. Le boss breton permet même à Bernès de devenir le roi des agents français des années 2000 ! L'ennemi juré devient le nouveau patron.

Mettre de l'affectif dans le business, c'est ne rien comprendre aux affaires. On passe d'un clan à l'autre. D'une famille à l'autre, en somme. *« Baciamo le mani »*. On doit pardonner plus facilement quand de gros intérêts sont en jeu, j'imagine. *« Rien de personnel, Sonny, c'est juste une affaire de business, tu le sais... »*

Noël Le Graët est arrivé aux responsabilités du foot par hasard. Le grand gagnant d'un concours de circonstances. Membre du conseil d'administration de la Ligue depuis 1984, rien ne laissait penser qu'il pouvait être élu président de l'institution le 19 octobre 1991.

Celui qui a eu « l'idée » Le Graët, c'est Max Bouyer. Président du FC Nantes de 1986 à 1992, Bouyer (mort dans un accident d'avion en 1994) était un personnage attachant et apprécié de ses pairs. Un beau parleur. C'est l'époque des jeunes patrons du foot français. Le Lensois Gervais Martel, Bernard Caïazzo frais diplômé de l'ESSEC qui fait du business dans le foot depuis quelques années... On ne sait pas s'ils regardaient Bernard Tapie à la télé dans son émission *Ambitions*, mais ils avaient le profil. Jean-Michel Aulas, lui, venait souvent sur le plateau. Il ne connaît rien au foot, mais répond à l'appel du président de l'OM et décide de se lancer à l'OL. Tous étaient en quelque sorte des disciples de Tapie. Et quand Bouyer vend Deschamps à Marseille en catastrophe en novembre 1989 car les comptes du FC Nantes sont dans le rouge, ça ressemble à une faveur.

Un peu plus loin sur le Rocher, le docteur Jean-Louis Campora gérait l'AS Monaco pour le Prince. Le foot français a toujours accepté l'avantage fiscal de ce club sans se plaindre. Étonnant de chouiner sans arrêt sur l'oseille qu'ont les autres en Europe et d'accepter que dans son propre championnat, une équipe ne soit pas soumise aux mêmes règles. Il existait une sorte d'accord tacite. Monaco achetait les joueurs des autres équipes un peu plus cher et ça équilibrait l'ensemble.

C'était la bande des présidents dits « nouvelle vague » de la fin des années 80. Le « foot à papa » dirigé par le patriarche Jean Sadoul est alors enterré. Le boss de l'époque Sadoul, c'était Claude Bez, le président de Bordeaux. Bordeaux/Marseille, ça a été un axe fort du jeu et de l'oseille entre 1986 et 1990. Bez était assez puissant pour faire virer un sélectionneur, Henri Michel, et en nommer un autre, Michel Platini. Le souci, c'est qu'il n'a jamais voulu se soumettre à Tapie. Le Marseillais a donc transformé Claude Bez en Cliff Barnes, la victime de J.R. Ewing dans *Dallas*. Il en a fait sa marionnette.

Et quand il a eu fini de jouer, il l'a achevé. Avec ses amis et ses appuis politiques, notamment le très influent Michel Charasse, ministre du Budget.

Le président Mitterrand aime Tapie et croit en lui. Charasse obéit à Mitterrand et entre en mission. Il se met au service du boss de l'OM. Les comptes de Bordeaux et de Bez sont épluchés. Il ne s'en relèvera pas.

Les nouveaux présidents du foot français rejouent *Wall Street* et sont tous un peu les Bud Fox de Bernard « Gekko » Tapie. À côté d'eux, Le Graët n'est rien d'autre qu'un petit comptable de province. Le jovial Max Bouyer aime dire que quand Le Graët entre dans une pièce, on a l'impression qu'il en est déjà ressorti. Le genre de mec à qui on demande ses papiers même quand il rentre chez lui.

Et c'est précisément pour ça qu'il va être élu. *« On va le mettre président, parce qu'il ne va jamais nous faire chier et on pourra faire notre business tranquilles ! »*

Vingt ans plus tard, un témoin de cette époque m'a dit un jour en se marrant : *« Ils l'ont foutu là pour qu'il ne casse les couilles à personne mais au final, il les a tous niqués ! »* Le boss, c'est lui. Le petit comptable.

C'est au moment de l'affaire de la « sextape » opposant Benzema à Valbuena que je l'ai rencontré

« pour de vrai ». Quelques jours plus tôt, depuis Les Menuires où RMC organisait les Sport Games, j'avais écrit un papier sur le site RMC pour tailler sa gestion calamiteuse de ce dossier. J'avais évoqué son penchant pour le champagne. On m'a si souvent expliqué qu'il ne fallait jamais l'appeler après 16 heures pour éviter de le déranger au milieu de ses bulles que j'ai trouvé malin de raconter ça. François Pesenti avait piqué une énorme colère : *« Mais t'as vraiment dit qu'il était bourré au champagne ? Mais t'es complètement con ou quoi ? Je t'ai toujours protégé de tout et toi tu me fais une sortie stupide pour faire le malin ? S'il nous attaque en justice, tu vas plaider quoi pour ton scoop champagne ? »* Pesenti avait raison, comme souvent. Le Graët a menacé de porter plainte, sauf si j'allais le rencontrer. Tel un boss de clan, il voulait des excuses. Je m'étais juré de me mordre les lèvres jusqu'au sang, mais jamais le mot « excuse » ne devait sortir de ma bouche. À la FFF, c'est le « dir com » Alexandre Chamoret qui m'a accueilli. Un ancien de *L'Équipe*. C'est une tradition, la FFF recycle les journalistes de *L'Équipe* pour bons et loyaux services. Il est sympa, Chamoret. Dévoué au boss qui attend dans son bureau. Un brin laquais sur les bords, comme tout le monde à la FFF. Le bureau est grand et dispose d'un petit salon. Le boss m'attend. Son regard ressemble à celui d'un directeur de pension, comme dans *Les Choristes*. Ça se sent, il veut me faire la morale et me faire plier. Il me demande de m'asseoir puis se tait. Il me regarde et c'est long, ce silence. Il doit viser l'installation d'un malaise, mais je suis totalement décontracté. *« Pourquoi vous m'en voulez ? »* C'est sa première phrase. Et il enchaîne : c'est pas bien, blablabla… Je réponds que j'aurais dû éviter le passage sur le champagne. Ça m'évite le mot « excuse ». Petite victoire minable. On parle ensuite de foot, mais c'est sans intérêt. Il me montre une photo de Benzema le soir de la victoire de la France face à l'Ukraine. Le 3-0 qui envoie les Bleus au Mondial brésilien. *« J'aime ce garçon »*, me dit-il. Pourquoi me raconte-t-il cela, à un moment où Benzema a quitté les Bleus sans espoir de retour ? Il sait déjà qu'il va subir et accepter la pression politique pour écarter le joueur du Real de l'équipe de France ?

Il fait chier François, de m'avoir forcé à aller voir Le Graët. Pesenti était un chef extraordinaire. Une fois passée sa colère annuelle, si on bossait bien, c'était du velours. Il a bâti la réputation de RMC. Il a forgé et protégé l'indépendance de la rédaction. Lui, Frank Lanoux et Alain Weill, le trio magique de la station, ne se sont jamais couchés devant personne. Alors pourquoi cette crainte de Le Graët ? Aujourd'hui encore, ça reste un mystère. À cette époque-là, j'avais entrepris un livre sur le boss du foot français. J'avais recueilli pas mal de témoignages à charge. On m'a demandé de laisser passer l'Euro 2016 en France. J'ai accepté, et puis ma motivation pour ce projet s'est dissipée.

Le Graët, tout le monde le trouve très fort. Habile, tueur, vicieux mais très fort. Il a fait quoi ? On ne sait pas, mais il est fort. Le contrat Nike à 40 millions, ça c'est fort. Il sait faire rentrer l'oseille. À la FFF, on me dit que c'est Jacques Lambert qui a préparé le deal, mais c'est Le Graët le « mec fort » ! Ok. Sur ces 40 millions, il en a perdu quasiment 10 parce que les filles de l'équipe de France sont allées aux J.O. de Londres habillées en Nike alors que le sponsor de la délégation était Adidas. Une amende assumée. Pire, un type qui bossait pour la boîte d'assurance chargée de couvrir la FFF m'avait montré le mail de Le Graët où il disait en substance : *« Pas de risque, les filles n'iront pas aux J.O. »* ! À se demander s'il souhaitait qu'elles se qualifient…

Sinon, il paraît qu'il est fort d'avoir choisi Deschamps pour guider les Bleus. Quel exploit, bravo ! Après avoir soutenu Domenech de 2008 à 2010 dans le dos du président de l'époque, Jean-Pierre Escalettes. Après avoir dit qu'il ne voulait pas subir l'influence de France 98. Après avoir eu des rapports exécrables avec Laurent Blanc de 2010 à 2012, il a enfin nommé Deschamps ! Formidable ! Quelle décision admirable.

Il est fort aussi pour caser des proches un peu partout à la FFF. Très fort également, sa prestation face à Élise Lucet dans un *Cash Investigation* de 2013. Tendu, mis à rude épreuve par la journaliste,

Le Graët parle chinois et balbutie un propos inaudible quand on lui dit qu'il a filé des licences d'agents à des types condamnés pénalement et qui n'avaient plus le droit d'exercer leur métier. Le boss lâche un *« C'est pas un drame »* hallucinant ! Puis, confronté à la liste des agents toujours en activité bien que condamnés pénalement, il se noie dans un amateurisme stupéfiant et dit : *« Normalement, lui, il n'a plus de licence, mais moi je vous dis que c'est un type très bien. »* Oui, pas de doute, il est très fort !

On m'a raconté les coulisses de cette émission. À la FFF, les gens de la com' ont déconseillé à Le Graët d'accepter l'entretien. Trop dur, trop casse-gueule. Mais bouffi d'orgueil, il a quand même voulu y aller. Et là, cet ancien de la FFF me lâche : *« Il voulait rencontrer Élise Lucet, elle lui plaisait beaucoup. Il a toujours eu un faible pour les blondes un peu costauds ! »*

Sinon, Le Graët est également très fort pour exploiter « l'affaire des quotas » en 2011 et se faire élire à la place de Fernand Duchaussoy. Une forme de vengeance pour lui. Un an plus tôt, il avait vertement reproché au ministère des Sports, contraint par les règlements, de ne pas faire de lui « son poulain » pour remplacer Escalettes.

Fort aussi pour faire en sorte que sa ville de Guingamp accueille un match des Bleus en 2018. *« Pas un cadeau »*, avait-il déclaré. Personne n'en doutait, voyons ! En 2009, l'équipe de France avait déjà joué au Roudourou. Deux fois en moins de dix ans dans une ville de 7000 habitants, c'est tellement normal.

Fort encore quand il entend montrer qu'il est au-dessus du patron de la LFP, Frédéric Thiriez, qu'il méprise. En 2013, il veut régler le dossier des avantages fiscaux dont bénéficie historiquement Monaco. Thiriez n'y arrive pas, et lui pense pouvoir mettre à genoux le président de l'ASM, le Russe Dmitri Rybolovlev. Il prépare un arrangement qui consiste à ce que Monaco lâche 200 millions au foot français. Un aller-retour en avion et en deux minutes, l'affaire sera bouclée. Sauf que Le Graët est revenu de Monaco la queue entre les jambes. Le Russe l'a mis dehors et a dévoilé l'arrangement.

Selon plusieurs personnes qui ont travaillé avec lui, Le Graët est un homme de gauche que l'argent rend fou. Une sorte de revanche sociale. Un ancien cadre de la FFF m'a dit un jour : *« Il ne respecte que l'argent et ceux qui en ont. Il adore en parler, faire du business, des négociations. C'est un excellent VRP. Il pourrait vendre un cercueil deux places et mettre son père et sa mère dedans. Il est sans pitié. »*

Un patron plus craint que respecté, donc. Il est vraiment très fort, Le Graët !

***

On est champions du monde. Didier Deschamps est un héros. Vingt ans après 1998, les Bleus ont gagné. Rentabiliser ce titre devient la priorité. Notre pauvre Ligue 1 doit profiter de ce succès mondial. Le service marketing de la LFP se creuse la tête. L'équipe de France a gagné avec des joueurs qui ont commencé leur carrière dans le championnat de France, le talent s'est révélé chez nous, n'est-ce pas ? Le slogan est évident. On invente la « Ligue des Talents ». On colle une musique pompeuse là-dessus, et on balance le tout avant les matches.

De retour de vacances au mois d'août 2018, on m'invite à la Ligue pour une présentation « privée » de cette nouvelle campagne marketing. Je ne suis pas forcément la cible pour avaler une telle salade, mais j'apprécie d'être consulté. Si je trouve ça bidon, on ne changera pas le slogan, mais on veut quand même me le présenter.

J'entretiens des rapports cordiaux, voire amicaux avec Didier Quillot, le directeur général de la LFP. On se parle franchement. Et d'accord ou non avec lui, je ne peux que constater une évidence : il bosse pour le bien de notre football et veut le rendre meilleur. Je le soutiens, mais mon scepticisme affiché sur le niveau global de notre politique sportive le désespère. Je n'ai de cesse de lui répéter que c'est le jeu qui permet de faire du bon business. L'attractivité est un moteur. Ce à quoi il me répond, à juste titre :

« Je ne suis pas recruteur, ni entraîneur, le jeu n'est pas mon domaine. »

Du scepticisme au pessimisme, il n'y a qu'un pas. Ces histoires de pessimisme ou d'optimisme m'ont toujours profondément soûlé. C'est comme l'histoire du verre à moitié vide ou à moitié plein. Il faudrait choisir son camp. Et être du côté de la moitié vide serait coupable. Pardon, mais constater simplement que le verre est à moitié rempli, c'est compliqué ? Ça fait de moi un François Bayrou du verre d'eau ?

Intellectuellement, je mets la lucidité avant toute chose. Si je dois choisir entre une vérité et une joie, je choisis la vérité. Il ne s'agit pas de penser ce qui me fait du bien, me rassure ou me console, mais ce qui me paraît possiblement vrai. J'ai dans l'idée que l'illusion rend malheureux.

Le huitième de finale de la Ligue des Champions entre l'OL et le Barça, en 2009, m'a marqué à vie. L'*After Foot* en était à sa deuxième saison en émission quotidienne. La première dans la configuration actuelle, j'entends par là, avec Gilbert à mes côtés. À tort ou à raison, j'ai cru que tout pourrait s'arrêter après le match retour au Camp Nou. En tout cas, j'ai regardé le match convaincu que ça pourrait être la fin. Le sentiment était peut-être largement exagéré, toujours est-il que c'est comme ça que je l'ai vécu. Au match aller à

Gerland, Lyon et le Barça se quittent sur le score de 1-1. Historiquement, faire match nul à l'aller à l'extérieur, c'est un bon résultat. Et quand en plus c'est le FC Barcelone qui ramène ce résultat, il n'est pas seulement bon, il est quasiment synonyme de qualification. Toute personne comprenant un peu le foot avait pu constater que le Barça n'avait pas forcé son talent à Gerland. On parle du Barça de Guardiola avec Xavi, Iniesta, Messi, Eto'o, Henry. Un Barça qui gagnera la compétition quelques mois plus tard tout en devenant une équipe marquante de l'histoire du foot. Cela, certes, on ne le sait pas encore. Mais ce qu'on voit, à moins d'être aveugle (et encore, je suis sûr que les joueurs de l'équipe de France de cécifoot, des fins connaisseurs, l'avaient compris), c'est que ce Barça est bien supérieur à l'OL.

Ce constat n'apparaît pourtant pas dans les commentaires d'après match. Dès le lendemain, les médias et l'opinion se rangent derrière Jean-Michel Aulas pour vendre l'idée que la qualification est possible. Aulas est dans son rôle de boss de l'OL. Il ne va pas dire que c'est cuit et que son équipe n'a aucune chance. Lui, je le redis, respecte sa fonction. Et la puissance que lui donne l'époque – l'OL a écrasé la France du foot durant la décennie 2000 – va tout emporter. La lucidité, le recul, l'analyse vont disparaître. Avaient-ils, après tout, déjà existé dans notre foot ?

Lyon peut le faire ! Gagner à Barcelone, non, mais faire 2-2, oui ! Ça devient le rêve. Tous les médias sont à l'unisson. Il faut être optimiste. Croire. Sous peine d'être un infidèle.

Dans l'émission, j'ose affirmer que je n'y crois pas une seconde et que Lyon va logiquement se faire dérouiller au Camp Nou. C'est un brin péremptoire et pas très fin, je le concède.

Et là, ça devient chaud. Aulas a déjà, souvent, mis la pression sur l'émission. S'il peut avoir la peau du « pessimiste », il l'aura, ou la demandera. Il l'a requise à maintes reprises. Entre l'aller et le retour, je me mets une pression énorme. Ça n'est pas un simple « pronostic ». C'est ne pas croire au foot français. À notre foot ! Les émissions « critiques » sur le sport ne sont pas encore répandues. L'idée de Charles Biétry selon laquelle nous sommes là, d'abord et avant tout, pour véhiculer l'émotion, domine largement. Au nom de quoi je m'écarte du dogme et du chauvinisme qui doit prévaloir en pareilles circonstances ? Je touche le fond quand, quelques jours avant le match, Zinédine Zidane parle. Lui, je ne l'avais pas vu venir. Dieu s'exprime et la France se met à genoux, s'incline. Le joueur génial est devenu l'un des pires consultants qu'on ait jamais entendus, mais sa parole est Évangile : *« Oui j'y crois, je vois bien l'OL faire 2-2. »*

Ce match devient une montagne. Une épreuve que je ne pourrai pas surmonter. Je le regarde, comme souvent, seul. Le salon rouge à RMC devient mon enfer. J'ai mal au ventre. Je l'avoue, je dévie totalement. Ça n'est jamais arrivé ni avant, ni après. Je me fous du Barça et de l'OL d'ailleurs, mais je supporte les Catalans. Ma carrière en dépend. Peu importe si c'est vrai, je le vis comme ça ! Je suis contre la France entière. Contre tous les consultants qui me trouvent arrogant et bien trop sûr de moi. Le Barça mène vite 2-0. Puis 3 et 4. Je me détends. Lyon revient étrangement à 2-4. Je me suis mis une telle pression que le doute m'envahit. C'est absurde d'envisager un 4-4. Ça se termine à 5-2. Dix ans plus tard, Claude Puel, dans un large et excellent entretien, est revenu brièvement sur ce match. Coach de l'OL à l'époque, il avouait n'avoir jamais pu faire face à la supériorité du Barça. Tout allait trop vite. Avec lucidité, il évoquait l'impuissance de son équipe à qui il ne restait que le rêve. Eux devaient y croire et tout faire pour accomplir l'exploit. C'est leur job. Chacun le sien. Le nôtre était-il de vendre un rêve stupide ? On imagine un spécialiste d'économie venir sur un plateau télé pour nous vendre que le chômage va baisser de 5 % dans l'année ?

Déjà convaincu, le 11 mars 2009, j'ai définitivement abandonné l'optimisme, le pessimisme et les verres à moitié vides ou à moitié pleins. Mon métier, ce n'est pas de faire des pronostics ou de jouer au bookmaker. Ce n'est pas non plus de croire ou de ne pas croire.

On est donc champions du monde et on a la « Ligue des Talents ». Et c'est à ça qu'on me demande de croire, cet été 2018. Le problème pour Didier Quillot, ce n'est pas de bien ou de mal bosser. Il a fait en sorte que les clubs de L1 aient plus d'argent dans leurs caisses. C'est sa mission première et il l'a menée à bien avec des droits télé records qui ont dépassé le milliard annuel pour la période 2020-2024. Il a pesé pour que des clubs en perdition soient repris par de nouveaux investisseurs. Mais il ne peut rien faire pour ce qui est le dossier numéro 1 de notre foot : le jeu !

Ce n'est pas dans son champ de compétence. Il ne fait pas la politique de formation, ni des joueurs, ni des entraîneurs.

Alors quand il me parle de sa « Ligue des Talents », je remarque simplement que la L1 et l'équipe de France ne font pas partie du même monde. On peut tenter de faire le lien pour en tirer profit, pour vendre, pour le business, mais l'histoire ne tient pas debout une minute.

Les joueurs de l'équipe de France évoluent dans leur grande majorité à l'étranger. Comme en 1998, les Bleus ont appris le très haut niveau hors de nos frontières. C'est même aujourd'hui bien plus marqué qu'il y a vingt ans. À l'époque, des joueurs leaders comme Deschamps, Desailly ou Blanc avaient effectué une carrière significative en France. Les deux premiers avaient même brillé au niveau européen. Pourtant, avec plus d'humilité qu'aujourd'hui, ils déclaraient avoir progressé pour devenir des compétiteurs hors normes en Italie. La Serie A, championnat ultra dominant dans les années 90, accueillait alors la plupart des Bleus champions du monde : Deschamps, Desailly, Thuram, Zidane, Djorkaeff. Petit était en Angleterre. Lizarazu au Bayern. Karembeu était champion d'Europe avec le Real.

Et on parle là, pourtant, d'un âge d'or pour notre championnat. Dans les années 90, l'OM et le PSG ont gagné une Coupe d'Europe et disputé deux finales. Monaco et Bordeaux ont également joué une finale et Nantes une demi-finale de Ligue des Champions. Même le petit Auxerre réalisait régulièrement de belles aventures en Coupe d'Europe.

Le slogan « Ligue des Talents » aurait eu du sens à ce moment-là. Bons dans le championnat de France, les joueurs se sont bonifiés à l'étranger.

Vingt ans plus tard, cela n'a plus rien à voir. Jouer en Ligue 1 est une tare pour le sélectionneur Didier Deschamps. Il encourage les joueurs à partir vite de notre championnat pour se former au haut niveau et prétendre à l'équipe de France. Il préfère un remplaçant en Angleterre à un titulaire en L1. Il fera exception si c'est un joueur du PSG, mais les

Français sont rares à Paris. Depuis que le club est entré dans une dimension financière qui lui permet de recruter qui il veut, logiquement le nombre de Français s'est réduit. Les joueurs formés à Paris ou en France n'ont pas le niveau requis.

Il y avait beaucoup de joueurs de Ligue 1 dans le groupe champion du monde 2018. Mais combien dans l'équipe type ? Griezmann n'a pas été formé en France. Varane a signé au Real Madrid à 18 ans. Surdoué, ça ne suffit pas, et c'est en Espagne, au Real et à côté de Sergio Ramos et auprès d'entraîneurs comme Mourinho ou Ancelotti, qu'il va apprendre. Il est troisième dans la hiérarchie des défenseurs centraux (derrière Ramos et Pepe) avant de s'imposer et de vraiment devenir un joueur de niveau international. Pogba n'a pas quitté la L1 puisqu'il n'y a jamais joué. Parti très tôt finir sa formation à Manchester United, c'est à la Juventus qu'il apprend le très haut niveau. Kanté est en Angleterre depuis trois ans. Hernandez n'a quasiment jamais vécu en France. Giroud est à Londres depuis six ans. Pavard est inconnu du public français. Matuidi a principalement évolué au PSG, club qui a abandonné tous liens avec le championnat de France depuis 2012.

Qui peut vraiment croire que les Bleus auraient pu être compétitifs avec une ossature de joueurs de L1 ? On ose envisager le même sacre avec dans l'équipe type : Mandanda, Fekir, Thauvin, Sidibé,

Lemar… ? En cadeau je vous permets même de garder Umtiti et Mbappé.

Notre Ligue des Talents n'offre qu'une matière première inconséquente sans le savoir-faire des autres. Je relève néanmoins deux exceptions. Mbappé et Benzema.

Le premier a été formé à Monaco, a joué en L1 et a même brillé au niveau européen avec son club avant de venir au PSG.

Mais le « vrai » cas unique, c'est Benzema. Il est le seul joueur français à avoir un solide parcours en L1. Et je ne parle pas là de quelques matches pour se montrer avant de partir à l'étranger. Benzema a disputé quasiment 150 matches avec l'OL. C'est le joueur qui correspond le mieux à la Ligue des Talents. Le problème, c'est qu'elle n'a pas été faite pour lui. L'attaquant du Real est le seul à avoir eu une formation réellement française. Il se rapproche en ça des Bleus de 98 : un joueur fort, devenu encore plus fort à l'étranger.

Il faut savoir que Benzema n'était pas le plus talentueux. À Lyon, on lui préférait Ben Arfa. Le vrai crack à couver, la graine à arroser, c'était HBA. Celui qu'on voyait atteindre les sommets grâce à son talent, c'est celui qui a eu une carrière minable ! Attention, je ne dis pas que Benzema était un cancre, loin de là.

À Lyon et dans les équipes de France de jeunes, il n'y en avait que pour Ben Arfa le petit génie. Alors qu'ils évoluaient en moins de 17 ans, tout le monde prédisait un avenir radieux à Ben Arfa alors qu'on envisageait une carrière plus banale pour Benzema. Suite à un test psychologique conçu pour révéler les capacités mentales des jeunes en équipe de France, il apparaît de façon étonnante mais certaine à un formateur que Benzema est largement devant Ben Arfa. L'analyse de ce formateur est moquée, bâchée. Les hommes de terrain balayent ça d'un revers de main. Eux savent. Les pieds parlent, pas la tête. À la FFF, la psychologie du sport est vue comme une matière annexe, pas sérieuse. Depuis cette époque, les choses ont doucement évolué, mais on a toujours autant de mal dans notre foot à s'ouvrir à d'autres compétences. Encore aujourd'hui, quand j'évoque l'approche mentale d'une compétition, la plupart des consultants ricanent. L'idée qu'il faut juste se *« sortir les couilles »* suffit à l'analyse…

La marge de progression et la volonté hors normes du futur attaquant du Real étaient donc claires dès le début. Même si tous misaient leur chemise sur Ben Arfa ! Et ce, au nom du talent ! Talent, potentiel, les mots magiques et tellement vides de notre foot.

Benzema allongera bientôt la liste de nos grands joueurs « perdus ». Ceux à la carrière immense qui n'apporteront rien à notre championnat trop étriqué pour eux. Comme Platini, Henry, Zidane avant lui. Tel son maître et coach au Real, Benzema est devenu « Espagnol », comme Henry était devenu Anglais. La différence de taille avec ses aînés, c'est que Benzema s'est coupé violemment de la France. Chassé des Bleus.

Benzema c'est, malgré lui, un joueur devenu « objet politique ». En 2009, il était déjà titulaire à l'OL quand j'ai rencontré son agent, Karim Djaziri, à la terrasse d'un café à Lyon. L'*After Foot* en était à ses débuts et nous avions fait une série d'émissions là-bas. La veille, Jean-Michel Aulas nous avait fait un numéro lors d'un déjeuner. L'OL était encore au sommet du foot français et il paradait. Peu tendre avec ses coaches, il disait contrôler la plupart du temps le vestiaire. Comme pour dire que les entraîneurs étaient d'abord des seconds rôles, sous le contrôle du boss. Parmi ses anciens « employés », le pauvre Paul Le Guen avait pris cher : *« Comment voulez-vous contrôler un vestiaire quand on ne porte même pas la culotte à la maison ? »* La tablée avait ri. Moi aussi. À l'époque, ce genre de blague potache était encore autorisé. J'ai toujours trouvé Le Guen inconsistant.

Mon entretien avec Djaziri s'inscrivait dans mon idée de rencontrer les « acteurs » lyonnais. Je ne sais plus qui m'avait conseillé de me méfier de lui. J'ai également oublié les raisons qui auraient dû me pousser à cette défiance. Je me méfie toujours des gens qui me disent qu'un mec est fréquentable ou pas. Je préfère mon avis.

Je me souviens d'avoir parlé à un type intelligent, avec une excellente connaissance du foot. Benzema devait atteindre les sommets et ça serait avec lui. Au passage, il avait refait une belle garde-robe pour l'hiver à Ben Arfa, le concurrent de son joueur à l'époque. Il avait raison. Celui qui a réussi, c'est Benzema.

Protecteur mais également obsessionnel, Djaziri commençait à développer ce qui deviendra la « Team Benzema ». Il en sera le leader. Benzema doit être adoré sans mesure. C'est le meilleur et la moindre critique est impossible. Le souci, c'est que consciemment ou non, Djaziri a également développé une idée politique derrière son joueur. Il s'en est toujours défendu, mais le constat est là. Benzema a vu s'élever autour de lui un sentiment communautaire. Dans l'*After* et pendant toutes les longues années de débat à son sujet, j'ai ressenti de façon très forte qu'il était le joueur des Français d'origine algérienne, principalement, mais aussi plus largement des « rebeus » en général. Je ne sais plus trop si le nouvel « Empire du bien » autorise l'utilisation de ce terme, mais il convient bien à la description.

Ainsi, pour les auditeurs, pour Twitter, pour cette « Team Benzema », si on le critiquait on était aussitôt qualifié de « facho », d'« anti-Islam » ou des deux, c'est mieux en « package ».

Son agent, Karim Djaziri, a entretenu ça. Encore une fois, je ne sais pas s'il l'a réellement voulu, mais à force d'être en promotion constante et obsessionnelle de « son » joueur, il a contribué à renforcer l'idée que le critiquer, c'était être un ennemi. Il n'a ni commandé, ni maîtrisé les stupides raccourcis qui ont été faits derrière, mais il en est à l'origine.

Djaziri, grand utilisateur des réseaux sociaux, aime répéter que je ne lui ai parlé que quatre fois en dix ans et qu'à ce titre, je ne sais rien de lui. C'est peu, c'est vrai. Mais il devrait être content de m'avoir autant marqué. C'est la preuve de son intelligence. Et puis son intense activité Twitter aide également, au moins un peu, à le cerner.

Au fil des années et même s'il était, d'abord, dans l'ombre des autres stars du club, Benzema s'est imposé comme un joueur essentiel au Real. C'est en équipe de France qu'il y a débat. Il était objectivement assez difficile de dire qu'il était bon. Mais pour ce qui devient une immense secte, il valait mieux dire qu'il était mal servi, mal apprécié, mal disposé. Mais en aucun cas, ça ne pouvait être de sa faute. Pas retenu en 2010, il échappe à Knysna. Et en 2012, il n'est jamais cité parmi les mauvais garçons qui, une fois de plus, ont donné une sale image des Bleus. Benzema n'est pas un mauvais garçon. Il aime s'en donner l'apparence parfois et ça peut affoler le bourgeois, mais ce n'est pas pareil. D'ailleurs, tous les gens que je rencontre dans le milieu et qui ont affaire à lui m'en font souvent le même portrait : un type adorable qui peut, quand il est avec une bande de potes, jouer à la racaille. Ce qu'il n'est assurément pas. Influençable ? Peut-être.

C'est quand la rivalité avec Giroud s'installe que le débat va définitivement vriller. Tout le monde tourne autour du pot sur cette histoire, personne ne veut dire clairement les choses, mais elles sont pourtant simples. On ne va bientôt plus parler de foot, de jeu, de tactique, non ! Le débat devient politique et sociétal. Et la nuance va totalement disparaître. Giroud, c'est la France « blanche » et Benzema, l'autre. Les modérés n'ont plus droit à la parole. Si je dis que Giroud est plus utile au jeu des Bleus que Benzema, alors je suis raciste. Et pourtant, personne n'a pu penser un jour que Giroud était supérieur à Benzema. Le meilleur, c'est Benzema. Mais le constat était clair et net : en équipe de France, Giroud était au-dessus.

Le problème s'accentue quand éclate l'affaire de la sextape. On sous-estime toujours l'importance des images, des symboles. La façon dont cet ensemble peut être exploité, aussi. Dans cette histoire, l'image, c'est Benzema et une bande de mecs louches qui mettent la pression sur un petit blanc, Valbuena. À un an de l'Euro 2016 organisé en France, cette affaire tombe mal. Et s'il continue de briller au Real, Benzema n'arrive pas à devenir indispensable en équipe de France. Benzema est-il clean dans cette histoire ? Les PV d'auditions sentent mauvais. Quand aura lieu le procès, et y aura-t-il procès ? On ne sait pas grand-chose. Face à ce flou, Le Graët et Deschamps ne savent plus quoi faire. Le politique s'en mêle. L'image des Bleus traîne encore un peu de crasse de Knysna et il n'est pas question d'arriver à l'Euro avec une nouvelle tache. On reproche au gouvernement d'avoir conseillé de se passer de Benzema pour l'Euro. Je peux comprendre que l'ingérence gêne. Mais face au risque d'un rebondissement de l'affaire et d'un Euro éclaboussé, que fallait-il décider ?

Et justement, rien n'est vraiment décidé. C'est l'exploitation des symboles, des images, les oppositions, en gros l'opinion qui va décider à travers un débat sans mesure.

Benzema va se mettre hors jeu tout seul. Lui ne dit rien, ou quasiment rien. Il relaie sur Twitter des propos ou images comme par exemple les interventions du rappeur Booba, toujours présent pour clamer son sentiment anti-France. Mécontent de la tournure des événements, Djaziri s'emporte au téléphone en me demandant ce que je trouve de bien à *« mon Giroud »*. Mais « mon » Giroud de quoi ? Parce qu'il est blanc et moi aussi ? Pitié, t'as pas dit ça ? Mais fais-le parler, Benzema ! Laisse-le s'exprimer, qu'on sache ce qu'il pense. Jusqu'au bout, le joueur et son agent ont œuvré pour qu'il joue en équipe de France. Mais ils s'y sont tellement mal pris ! Fabuleux en

Espagne, il aurait pu l'être en Bleu. Mais non, c'est avec une maladresse extrême que ce sentiment s'est toujours exprimé. Juste avant l'Euro 2016, frustré et en colère d'avoir été évincé, Benzema lâche que Deschamps a cédé à la partie raciste de la France. Terminé, adieu, il ne reviendra jamais.

Benzema, c'est l'histoire d'une désintégration. Coincé entre une phrase de 2008 où il dit que son cœur est algérien mais que la raison le poussera à jouer pour la France, et un propos récent du président de la fédération algérienne qui dit que Benzema est 100 % Algérien. Lui a exprimé le sentiment du binational. Le président de la fédé a exploité et fait de la basse politique.

On demande à un Français d'origine portugaise pourquoi il supporte le Portugal ? À un Italien d'origine comme moi pourquoi il vibre plus devant les *Azzurri* ? Il n'y a que Zemmour pour croire qu'on peut éradiquer la racine culturelle. On m'a changé mon prénom, mais qu'est-ce que ça a changé ? Le modèle d'assimilation française est un leurre. Un concept auquel j'ai cru mais qui, contrairement à ce qu'on raconte, n'a jamais fonctionné. Le modèle se heurte au nombre, à l'origine, à la mondialisation… J'ai connu l'époque de l'assimilation. Ces gens qui refusaient quasiment de parler leur langue d'origine, qui au fil des années n'allaient même plus sur la terre de leurs parents. Et puis, plus ils vieillissaient, plus les racines ressortaient, comme par une étrange magie. Et au moment de leur disparition, j'apprenais qu'ils avaient demandé à reposer là-bas. Loin de l'assimilation. On reste bi pour toujours. La balance bouge selon les périodes de la vie.

Le problème, c'est quand ces débats sont repris et manipulés par des gens qui ne veulent pas échanger mais juste s'opposer.

Comme dans la plupart des débats sociétaux dans ce pays, ce sont les positions radicales qui se sont fait le plus entendre. Jamais personne n'a dit que Benzema ne devait plus jouer en Bleu en raison de ses origines. Jamais. Pourtant, c'est comme ça que ça a été vécu par énormément de gens. On est dans la France désormais face à face et non plus côte à côte, celle de l'archipel. Le foot a toujours été précurseur, annonciateur des problèmes de société. Leur reflet, aussi.

Je l'ai ressenti au fil du temps. Le cas Benzema a été suivi de beaucoup d'autres « affaires ». Quand il était sur le point de signer à Nice, j'ai dit que prendre Younès Belhanda n'était pas forcément une bonne idée. Il avait fait une très belle saison à Montpellier en 2012 puis s'était perdu. J'avais ajouté dans un propos flou qu'il priait désormais beaucoup. J'avoue sans mal que ce n'était pas clair. Mais on n'a pas cherché à savoir ce que je voulais vraiment dire, on a immédiatement ressorti la boîte à facho. Peu importe la prière, la religion, quand le foot n'est plus votre priorité première et que vous relativisez son importance, est-ce que vous êtes encore apte pour le très haut niveau ? C'était la question posée. Le souci, c'est que Belhanda est musulman et que ça a été vécu comme une offense. Belhanda n'a pas marqué les esprits à Nice et j'avais raison sur son niveau. Mais peu importe, pour beaucoup j'avais attaqué une religion.

Il y a trois saisons, Nabil Fekir était revenu de vacances avec un gros bide. J'avais dit qu'il était indécent de se présenter comme ça à l'entraînement. Le souci, c'est que Fekir était également revenu avec une barbe façon « salafiste ». Je ne l'ai remarqué qu'après. Je parlais du « bide », trop de gens ont compris « barbe ». C'est vrai que j'aurais pu le mentionner. Ça n'a aucun rapport avec le foot ? Je considère au contraire que tout a un rapport avec la performance sur le terrain. Fekir ne deviendra jamais un top joueur car il est limité par son extra-foot. Cela vaut dans un autre domaine pour Marco Verratti, dont le talent pour ouvrir les bouteilles de champagne en boîte de nuit sera bientôt plus important que celui qu'il affiche sur le terrain. Verratti, j'ai le droit de le critiquer ? Il est de chez moi. Dix ans de vacances à deux pas de chez lui, ça compte, non ?

Je n'ai jamais voulu faire attention à ce que je disais. On me l'a beaucoup conseillé. Me méfier des sujets « casse-gueule » ? Une blague. Penser et dire que le Maroc allait prendre une taule face à l'Espagne au Mondial 2018 m'a valu des jours d'insultes et de menaces. Ça a failli se terminer en procès avec le capitaine Mehdi Benatia. Grotesque !

« Riolo, il attaque toujours les mêmes. » Eh bien faites donc vos listes, vous verrez. Je déplore quand on analyse les gens en fonction de ce qu'ils sont et pas de ce qu'ils font.

Quand on dit qu'en 2020, on « racialise » les débats de société, qu'on raisonne en termes de clans, de communautés, il faut savoir que le foot avait quelques années d'avance.

***

Revenons à notre Ligue des Talents et à son cousin le « potentiel ». Le mot « talent » est devenu une marque de fabrique dans notre football. Un argument de vente. Ça ne veut rien dire, évidemment. Si, selon une définition basique, le talent est la capacité d'un individu à exceller dans une activité particulière, tout repose sur « la capacité à ». Il y a donc une avalanche de conditions. Si le joueur évolue dans telle ou telle équipe, dans tel ou tel championnat, s'il a le bon agent et pas un paquet de potes qui lui servent de conseillers occultes pour faire des choix de carrière absurdes, si son travail à l'entraînement lui permet de progresser… Bref, s'il fait tout ce qui permet d'arriver au très haut niveau et que le talent seul ne permet pas. Le talent, c'est juste une graine qui pointe à peine hors de terre… Et trop souvent en France, « une sale manie ».

Un atout qui devient caprice pour des joueurs mal gérés par un encadrement incompétent, uniquement soucieux de la valeur marchande de pépites que d'autres exploiteront.

À défaut d'avoir tout le reste, tout ce qui compte, notre foot se contente de promesses, de « capacité à ». On se gargarise avec des mots, « phénomène », « talent ». Dès le premier bon match d'un jeune, on l'envoie au Real ou au Barça. Peu importe où, pourvu que ça brille. Ça vend la L1, tout le monde y trouve son compte et notamment les commentateurs des chaînes qui diffusent. Ils ont payé cher le produit et ils ne sont pas là pour voir, mais pour promouvoir !

Ils sont beaucoup, dans ce métier, à assumer le mensonge. On dirait des directeurs de parcs d'attractions. Un manège s'est détaché et il y a des blessés ? Oui mais non, tout va bien. Privilégions ensemble une écriture positive des événements ! Dire du bien avant tout. Dire n'importe quoi, surtout.

C'est vrai que, comme le veut une idée largement répandue, si on n'a pas joué, on ne peut pas savoir. Pierre Ménès m'a raconté un jour un échange avec un vendeur de Ligue 1, Stéphane Guy. Celui-ci, commentateur star de Canal+ et ex-supporter du PSG ayant basculé dans la haine de son club de cœur quand il a été racheté par les diaboliques Qataris, lui a dit un jour : *« Mais tu es qui pour dire du mal ? »* Ce à quoi Ménès avait répliqué avec justesse : *« Et toi, tu es qui pour dire du bien ? »*

Si on n'a pas le droit d'émettre une critique négative parce qu'on n'a pas joué à haut niveau, pourquoi pourrait-on s'enthousiasmer à s'en faire péter les cordes vocales pour une action de jeu jugée « belle » par la même personne « incompétente » ?

La présence toujours plus grande du consultant « ex-joueur qui sait » est l'œuvre de Charles Biétry, l'homme qui a réinventé le sport à la télé. Le journaliste ne doit que commenter et faire passer l'émotion, l'ancien sportif, lui, peut analyser. Curieusement, quand il commentait les matches sur Canal avec Michel Denisot ou Thierry Gilardi, c'est lui, le journaliste, qui analysait (et plutôt très bien, d'ailleurs). Mais il devait penser qu'à part lui, aucun autre journaliste n'était capable de penser le foot.

Doit-on évoquer les brillants éditorialistes politiques qui n'ont jamais été élus ? Ou mon maître, le grand critique de théâtre Addison DeWitt, qui n'est jamais monté sur scène ?

Il y a toujours une limite, un mur devant un raisonnement qui n'en est pas un. Quand un excellent consultant n'a derrière lui qu'une belle carrière nationale, doit-il laisser sa place au moment d'évoquer une finale de Ligue des Champions ou un match de Coupe du monde ?

Être pertinent ou non. Ça devrait suffire. Pour le reste, *« el tiempo te dara la razon »* – ou pas.

Le 28 janvier 2020, *France Football* publie une interview de Claude Puel. Il a entraîné Lille, Lyon, Nice. Il est parti à l'étranger, en Angleterre, puis est revenu à Saint-Étienne. *« Il a bossé en Premier League ! »* C'est comme l'autocollant *« Vu à la télé »* qu'on voyait sur certains produits quand j'étais petit. Un gage de qualité. Un label. Si ça passe à la télé, c'est que c'est bon.

Saint-Étienne lui a donc confié une mission à long terme. Trois ans pour redonner vie au club, le structurer. On vend un projet. C'est le mot à la mode. Si on est dans un projet, alors tout va bien. Les résultats sont moisis ? Pas de problème coco, c'est dans le projet. C'est un surplus de patience.

Claude Puel est apprécié dans le milieu du foot français. Il a l'air triste comme une porte de prison, mais il est sérieux. Sa carrière de joueur puis d'entraîneur lui a bâti une solide réputation d'homme exigeant. Alors quand il parle, on l'écoute. Et quand il est arrivé en cours de saison à Saint-Étienne, très vite, les infos ont relayé qu'il avait trouvé un club quasiment en miettes. Un groupe de joueurs mal préparés. Une association entre des mecs d'expérience aux attitudes de sénateurs et une bande de jeunes sans grand talent ; le tout saupoudré d'une bonne dose de prétention. Puel redécouvrait tout simplement notre bon vieux championnat. Rien de neuf, rien de fou en fait !

Un mec parti à l'étranger qui revient dans un club de L1, l'interview vaut forcément le détour. Depuis le début des années 2000, les interviews de joueurs ou de coaches qui vivent ou ont vécu le foot à l'étranger sont les mêmes. Pour résumer, l'herbe est plus verte ailleurs. Plus de travail, plus d'efforts, d'implication, de passion, de jeu, de buts, plus de tout. Les mecs ont le sourire. Ils respectent tout ce qui les gonflait en France. Le coach, l'autorité, le club, les supporters. C'est un nouveau monde. Ils passent du noir et blanc à la couleur !

Alors évidemment, Puel va aller dans le sens des idées que je défends depuis des années. Je bois du petit lait. Les titres en exergue sont clairs. *« La Ligue 1 a ce qu'elle mérite. » « Dans la plupart des centres de formation, on continue de privilégier l'aspect physique. » « La technique, la créativité et l'intelligence de jeu n'ont pas de prix. » « La Ligue 1 est devenue un centre de formation pour les quatre championnats au-dessus du nôtre. »*

Les gros titres pourraient suffire. Le contenu est encore plus précis. Un constat alarmant sur le niveau de notre football. Ce constat, il est fait dans l'*After Foot* depuis dix ans. Merci Claude ! On a invité des formateurs, des entraîneurs, des opposants au système. On a tout dit mille fois. Le public sait évidemment tout ça. Le monde du foot a nié. Les dirigeants n'ont même pas essayé de comprendre, trop occupés à gérer les lignes comptables. Les autres médias ont snobé nos analyses et souvent dénoncé notre « pessimisme », parce qu'il fallait mettre en avant une « écriture positive de la L1 ». Les diffuseurs vendent le produit de façon ridicule et grotesque, et personne n'est dupe. Le média « dominant », *L'Équipe*, est bien trop orgueilleux, paresseux et dépassé pour accepter une analyse qui n'est pas la sienne. Eux aussi se sont mutés en promoteurs depuis longtemps. Mais je veux bien accepter l'« àquoibonisme ». À quoi bon critiquer chaque semaine le niveau pitoyable de notre championnat ?

Claude Puel était un joueur besogneux. Un 6 sans grand talent, donné remplaçant lors de chaque début de saison. Humble et travailleur, il parvenait pourtant toujours à s'imposer dans l'ombre des joueurs plus talentueux. Quand il a commencé sa carrière en 1979 à Monaco, il évoluait auprès ou face à des joueurs comme Platini, Giresse, Tigana, Chiesa, Rocheteau, Henri Michel, Trésor, Bossis. Même les défenseurs savaient jouer au foot. Sans vouloir tomber dans le « c'était mieux avant », mais en y tombant quand même, il avoue que le foot français était beaucoup plus technique. Il note qu'aujourd'hui le manque de justesse, d'intelligence de jeu, de fluidité, de créativité est la norme.

Il confesse ne pas savoir où situer le point de bascule. À quel moment a-t-on recherché des profils plus physiques, avec la vitesse et la puissance comme seules qualités ? Pourquoi l'aspect physique est-il devenu prioritaire ? On perd en route des joueurs physiquement moins forts, qui sont laissés de côté. Ils ne peuvent exister dans un foot de combat, de duels à gagner.

La principale raison de la tristesse du jeu pratiqué en L1, c'est la priorité donnée, dès le centre de formation, aux joueurs physiques percutants sans créativité. La qualité de jeu, sa fluidité, la performance collective des équipes en sont affectées.

L'idée qui sous-tend le recrutement de joueurs massifs, bons dans l'impact, c'est la hantise du résultat. La volonté obsessionnelle de sécuriser. Le football passe après ! Il y a de sales préjugés derrière cette volonté. *« Mets un grand noir en défense, au milieu et devant, et tu gagneras plus de matches. »* Combien d'éducateurs ont dit ça ? Des phrases de ce genre, il y en a plein qui circulent.

« T'as des grands noirs bien costauds dans tes jeunes ? Même avec les pieds carrés, c'est pas grave. » (Un Lensois venu prospecter en Gironde.)

« Des types comme ça, j'en ai plein. Je tape dans une tour, il y en a dix qui tombent. » (Un Lyonnais à qui on proposait de la matière première.)

Il paraît que les idées évoluent. Que ce temps est révolu. Puel note qu'il n'y a pas d'équipes de haut niveau sans technique, anticipation, intelligence de jeu. Aucune équipe de Ligue des Champions ne vit uniquement sur le combat et la solidarité.

La technique est un préalable à tout et la L1 en manque cruellement. Je ne vois pas de changement majeur. Tout continue de reposer sur des dispositions physiques.

Beaucoup de joueurs intelligents sont écartés dès la première sélection chez les jeunes. Sacchi m'a dit un jour : *« L'intelligence ne doit pas être une option. »* En Ligue 1, elle n'est pas proposée dans le catalogue.

Les entraîneurs peuvent toujours essayer de faire jouer leur équipe, mais ils n'ont pas les joueurs pour mener à bien un projet axé sur le jeu.

On veut se rassurer en prenant du « costaud » et en imaginant pouvoir leur apprendre la technique ensuite. Mais pour eux, c'est trop tard. Ils ont toujours fait des différences grâce à leur physique, ils ont grandi comme ça, on ne peut plus les changer. C'est justement leur physique qui leur a permis de prendre de l'avance dans les catégories jeunes. Et quand ils arrivent au haut niveau, ils sont en échec. Les autres bossent sur la culture tactique et étouffent la puissance physique de nos joueurs. Le joueur qui baisse la tête et pousse le ballon est alors diminué. À l'inverse, pour un joueur technique et créatif, l'intensité et l'agressivité, ça peut se travailler.

Une fois obtenue la première signature d'un contrat pro, l'objectif devient rapidement d'envisager l'étranger. Dans l'esprit des jeunes joueurs français, la Ligue 1 est un passage. Une zone de transit. Ils ne s'investissent pas dans l'idée collective d'un club qu'ils ont déjà hâte de quitter. Ils bossent le foot de manière individuelle. Se faire remarquer, se démarquer des autres et partir ! Fin janvier 2019, un reportage de *Téléfoot* montre de jeunes joueurs U15. Ils sont bons et rêvent d'une carrière pro. Au bord du terrain, un père de famille regarde son fils. On l'interroge. La réponse laisse pantois : *« Mon fils marche bien, oui. Je pense que d'ici trois, quatre ans, il vaudra 20 à 30 millions. »* Doit-on aller plus loin ? Tout n'est-il pas résumé dans cette scène de vie ?

Quand on vend constamment des joueurs parce que l'économie des clubs est basée là-dessus, on ne peut pas faire progresser un collectif. Dans les autres championnats, le recrutement sert à bonifier une équipe. En Ligue 1, on se contente de remplacer numériquement un joueur parti.

La bonne politique, ce serait de programmer le départ d'un joueur. Ça laisse du temps pour trouver le remplaçant adapté. Une vision à court terme met le club et l'équipe dans l'embarras. En L1, on travaille dans l'urgence. Tout l'effectif est en vente en permanence. On ne retient plus personne. Si le prix est juste, alors on vend. On ne prépare rien.

Quand Puel est arrivé à Saint-Étienne, il a trouvé un effectif disparate, trop important et pas préparé. Il a trouvé un club au point mort en termes de structures liées à la performance. Et même si le club a terminé la saison 2018-19 à la quatrième place et s'est donc qualifié en Coupe d'Europe, il constate une surface financière nulle.

Saint-Étienne a voulu recruter des joueurs de renom, des mecs en fin de carrière au CV intéressant, mais visiblement venus pour un dernier tour de piste et surtout un dernier cachet. Bref, de belles arnaques. Censés apporter leur expérience du haut niveau et en même temps encadrer les jeunes joueurs afin que ceux-ci prennent encore un peu plus de valeur marchande, ce sont en fait des barons qu'il faut aller chercher dans le vestiaire et à qui il faut expliquer qu'il est l'heure de l'entraînement et que le staff technique attend sur le terrain. Pour le modèle, c'est raté ! Les jeunes joueurs s'en foutent. Ils doivent surtout leur demander comment ils ont négocié leur contrat. Comment on fait pour gagner un max de blé ?

Pour préparer *Racaille Football Club*, je suis allé dans plusieurs clubs afin de me renseigner sur la mentalité des joueurs. C'était fin 2012. À Marseille, José Anigo ne masquait pas sa désolation. Mais c'est dans le bureau d'Henri Stambouli, alors directeur du centre de formation, que j'avais entendu le truc le plus fou.

Avec lui ce jour-là, il y avait Georges Prost, qui fut notamment formateur à Lyon de 2007 à 2010. Avant ça, Prost avait bossé cinq ans en Angleterre, à Southampton. Il avait découvert que là-bas, on ne travaillait pas sur la motivation. J'avais besoin de précisions. Le propos me semblait flou. Motivé pour quoi ? Pour jouer au foot ? Pour faire carrière ? Ça me semblait pour le moins étonnant. *« Oui oui,* expliquait-il, *en France, il faut travailler sur la motivation, sinon les joueurs ne font rien. En Angleterre, le jeune arrive motivé et on peut bosser sur le reste. Chez nous, on doit sans cesse motiver les mecs. »* Et il ajouta en exemple : *« Un jeune Sud-Américain est souvent dans la passion. C'est son moteur. »*

L'origine sociale est souvent l'excuse facile et rabâchée pour expliquer l'attitude de nos joueurs. Mais le jeune Sud-Américain vient de zones encore plus défavorisées qu'en France. Il pense au fric, il en veut, mais il aime le foot ! Jouer est sa passion. Ce n'est pas le cas chez nous. Du moins, ça l'est trop peu souvent.

Le 22 février 2020, dans *L'Équipe*, Nolan Roux parle de sa vie de pro. L'interview est déroutante.

Le foot n'est pas primordial pour lui. C'est futile. Il ne connaît pas ses adversaires, il affiche son détachement avec fierté. Il sait à peine contre qui il jouera son prochain match. Lui, l'attaquant, ne sait même pas qui est le gardien qu'il aura à affronter le week-end suivant. Sa passion, c'est la pêche. Lens, Lille, Guingamp, Nîmes, Saint-Étienne entre autres, Roux a vivoté et mené une petite carrière entre L2 et surtout L1. La progression, l'excellence ne l'ont pas intéressé. C'est son choix et il n'y a rien à en dire. On peut juste se demander comment il a pu évoluer en L1 si longtemps avec aussi peu d'envie et des statistiques de buteur aussi faibles. Notre championnat permet ça ! Son niveau autorise tout. En quelques mois, en 2014, Yacine Bammou est devenu une attraction médiatique. Il passe de joueur amateur, vendeur de maillots à la boutique du PSG, à joueur pro à Nantes ! Une sorte de claque pour les centres de formation et pour notre L1. Il en faut peu pour arriver.

En marquant au Vélodrome en février 2020, un autre Nantais, Kader Bamba, s'est illustré à son tour. Lui aussi est passé du monde amateur au monde pro en quelques mois. Mieux, il est passé de la onzième division à la L1 en quatre ans. Il découvre l'élite à 25 ans ! Viré du centre de formation à Toulouse pour mauvais comportement, il a eu ce qu'on appelle un parcours atypique. *« C'était davantage du je-m'en-foutisme que de l'irrespect ou de la méchanceté »*, défend un ami. De toutes façons, il a eu raison, puisque le voilà devenu un héros pour un tas de jeunes qui ne respecteront rien ni personne durant leur apprentissage, mais qui savent désormais qu'on peut prendre un autre chemin. La Ligue 1 est tellement médiocre qu'elle permet à tout le monde de revenir. Le monde amateur se rapproche de plus en plus du monde pro. La marge diminue.

Lorsque Bamba a marqué le premier (très beau) but de sa carrière, au Vélodrome, sa joie ne fut pas énorme. Au vu du parcours, ça aurait pu être délirant. Mais non. L'émotion était contenue. Une course et une attitude virant un brin au « chambrage » à l'égard du public marseillais. Comme si c'était un match de potes. Jouer et marquer en L1 n'a décidément rien de fou, et encore moins de sacré. *« Nantes donne sa chance à ceux qui ont un parcours un peu mitigé »*, commente sobrement Bamba. La L1 donne sa chance à tout le monde, surtout !

Le niveau de la Ligue 1 baisse tellement que forcément, en dessous, c'est encore pire. Voir un match de Coupe de France entre une équipe de Ligue 2 et une équipe amateur est révélateur. Les surprises, dans cette compétition, ont toujours existé. Mais la victoire du petit contre le gros, c'était toujours une anomalie. Un hold-up. On ne voyait pas le petit dominer le gros dans le jeu. Or aujourd'hui, ça arrive. Je défends l'idée choquante pour certains que le niveau de la L2 est tellement nul que rien ne la sépare du monde amateur. Les divisions d'écart existent, elles peuvent trouver du sens sur 38 journées. La préparation physique, l'expérience des joueurs feront peut-être la différence, mais au fond, l'écart est faible, voire inexistant. Les bonnes équipes amateurs sont composées de joueurs qui ont souvent fréquenté les centres de formation. Comme Bamba, parfois ça s'est mal passé. Mais en termes de niveau de jeu, ça se vaut. Il y a des joueurs de L1 qui n'auraient même pas pu jouer en L2 il y a trente ans. Et tout est répercuté en dessous. L'exode de nos joueurs est tellement massif que ça laisse de la place à tout le monde. Le niveau diminue dans toutes les divisions et les écarts ne sont plus aussi nets.

***

Le refrain à la mode en ce début de nouvelle décennie est que, doucement, *« ça change »*. On sait, on a conscience. Mais qui ? Quoi ? La formation des coaches ou des joueurs ? Les entraîneurs sont représentés par l'UNECATEF. Une sorte de syndicat. Il suffit de passer un peu de temps sur son site pour ne rien comprendre à son rôle ni à ses activités. Son président ? Raymond Domenech. Avant lui, Joël Muller. Faut-il commenter ? Leur CV dit tout, non ?

Mais puisqu'on parle formation, il faut se tourner vers la DTN. La direction technique nationale, dont la mission est de *« proposer, mettre en œuvre et adapter en permanence la politique qui vise à porter le football national à son plus haut niveau de qualité, de compétitivité et de performance, depuis la base jusqu'aux équipes de France »*. Ce qui implique entre autres *« la détection des jeunes talents, la formation des joueurs, la formation des éducateurs à tous les niveaux, le développement de toutes les formes de pratique du football, le perfectionnement de l'élite et la gestion sportive des sélections nationales »*. Sacré poste, quand même ! On se dit que le gars doit insuffler une vision. Militer pour qu'on joue de telle ou telle façon. Avoir des idées. Les exprimer publiquement. Définir des programmes de formations. Il ne va pas aller dans chaque centre de formation pour dire comment apprendre à jouer, mais il va donner son avis. Parler foot. On va le voir au moins de temps en temps dans les médias. C'est le patron du haut niveau, tout de même.

Ce patron s'appelle Hubert Fournier. Je crois, sans prétention, être le dernier à avoir eu envie de l'interviewer. Ça n'a pas été simple. Il a fallu demander des autorisations. Allait-il accepter ou pas de parler foot ? Le suspense était lourd. Finalement, il a dit oui ! Avant lui, j'avais aussi rencontré François Blaquart. J'ai toujours voulu rencontrer les DTN. Je me dis que c'est d'eux que peut venir la lumière. Mais je dois complètement surestimer leur rôle. Blaquart avait beau avoir le charisme d'un prof d'EPS de collège, il avait des idées sur le jeu et la façon de l'enseigner. À Sochaux, il avait formé une belle génération de joueurs de foot : Meriem, Pedretti, Frau… Certes, aucun crack international, mais de bons joueurs, habiles et intelligents. Mais qui connaît Blaquart ? Qui lui a parlé ? On ne l'entendait nulle part. La seule fois où son nom est apparu dans l'actu, c'est au moment de l'affaire dite « des quotas » !

Après lui, on a nommé Hubert Fournier. Un quidam. Un « pourquoi pas moi ». Il est fort sympathique, Fournier, mais à part organiser les « dej » à la Villa Corse en face du siège de la FFF, il fait quoi ?

Fournier a été désigné DTN juste après s'être fait limoger par Aulas à Lyon. Le boss de l'OL n'aime pas virer en cours de saison. Alors pour se faire pardonner, il a demandé à son ami Noël Le Graët de trouver un job sympa à Fournier. Joueur moyen de L1 passé par l'OL, Fournier est ensuite devenu entraîneur. Après un parcours honorable à Reims, une « hype » Fournier est née. Une poignée de bons résultats et trois quatre bons passages sur Canal à la fin des matches suffisent. J'avoue être tombé dans le piège, moi aussi. Ça nous changeait des vieux croûtons habituels. Moderne, s'exprimant en faisant de vraies phrases, il a séduit Aulas. Son côté fils de bourgeois de province, le pull noué sur les épaules, ça colle à Lyon. Fournier est pourtant devenu le premier entraîneur viré en cours de saison par l'OL en vingt ans. Visiblement, c'est un bon CV pour finir à la DTN.

Oui, je dois vraiment surestimer le rôle du DTN.

***

L'apparition des propriétaires étrangers à la tête des clubs a changé beaucoup de choses. Aucun Français suffisamment riche ni aucune entreprise française ne semblent plus être intéressés par le foot. À une époque, les grands médias se sont penchés sur les clubs : Canal+ au PSG, M6 à Bordeaux. Financièrement, ça n'a pas été une réussite. Canal a d'abord connu le succès avant de déraper quand Charles Biétry a voulu enterrer les années Denisot. Colony Capital a ensuite dirigé le PSG avec d'autres idées en tête que de faire gagner le club parisien. Les Américains ont confié la direction du club à des gens à l'incompétence illimitée. Ça a été un cirque, un ballet de présidents pendant dix ans. Marseille n'a pas fait mieux. Robert Louis-Dreyfus reprend l'OM pour rien en 1996. Son passé de « gambler » aimant le risque a dû lui donner envie de diriger un tel club. L'OM, c'est du vertige et de l'émotion. Homme d'affaires avisé, il a aussi du business en vue dans le sud de la France. Sur le papier, ça doit coller. Pourtant, à force de nommer le premier venu à la tête du club, rien n'est allé dans le bon sens. Il y a des exceptions sur cette période, Christophe Bouchet et surtout Pape Diouf. Mais à chaque fois, des luttes internes ont écourté leurs mandats. Diouf aurait assurément mérité de diriger plus longtemps l'OM. Mais il ne plaisait pas au conseiller occulte, Vincent Labrune. Diouf prenait trop de place.

La France a un déficit de bons gestionnaires de clubs de foot. On veut obtenir de bons résultats sportifs comme économiques en ne s'occupant que de l'équipe première. Les fondations du club sont laissées de côté. L'histoire qu'on écrit et qu'on raconte doit être celle d'un club, pas uniquement d'une équipe !

Durant les années 2000, on a eu l'impression que n'importe qui pouvait enfiler le maillot des deux équipes phares du championnat. L'OM et le PSG régulièrement mauvais, la place de locomotive a été laissée à l'OL, qui a dominé avec sérieux la décennie. Tout seul, l'OL a logiquement tout raflé. Aulas s'est imposé comme le roi du football français. Lui a pensé aux structures, à la formation, à l'esprit club, au nouveau stade. Sa limite, encore aujourd'hui, c'est celle de l'omniscience, omniprésence, omnipotence. Au lieu de s'ouvrir, il a refermé l'OL dans un régionalisme devenu malsain.

Pour faire fructifier la matière première (les joueurs), de plus en plus de clubs français ont eu recours à des investisseurs étrangers. Mettre en place des politiques de trading de joueurs est devenu la norme. C'était ça ou rien, puisque plus personne ne voulait reprendre nos clubs. L'exemple type, c'est Bordeaux. Un club à l'abandon. Une poussière dans le portefeuille de King Street, le nouveau propriétaire new-yorkais. Ce fonds d'investissement gère plus de 20 milliards de dollars, alors le petit club de Bordeaux, c'est le cendrier dans la Bentley. Pourquoi sont-ils venus au foot ? C'est assez incroyable d'imaginer qu'ils aient cru pouvoir faire du blé. Si on n'est pas passionné, le foot, c'est surtout des emmerdes et rarement du blé ! King Street a nommé une boîte externe pour gérer les Girondins. Les mecs se sont gavés sur le dos du club et ont dû partir. C'est ensuite un président délégué qui a débarqué. Un type (Frédéric Longuépée) qui ne sait rien du foot et rien du club. Les dépenses explosent tandis que les résultats s'effondrent. Plusieurs affaires ternissent encore davantage l'image du club. Les supporters n'en peuvent plus d'être ainsi dépossédés de leur club, leur passion. La mairie s'en mêle, car la ville subit elle aussi un préjudice. Bref, voilà en quelques mots à quoi peut ressembler une gestion dite « moderne ». Sans connaissance du foot. Les fonds d'investissement développent une urgence de rentabilité. Ils arrivent avec une équipe dirigeante clef en main montée par un agent. Et le coach fait souvent partie de la structure. Il sait qu'il est là pour valoriser le portefeuille joueurs.

À Nantes, on a procédé autrement. Quand il achète le club en 2007 à Serge Dassault, Waldemar

Kita est forcément plein d'ambitions. Lui veut gérer à l'ancienne. Un président bon père de famille. Sa logique : je mets le blé, alors je décide et si possible vous fermez vos gueules. Mais à force de prendre des décisions à l'envers du bon sens, il n'a jamais décollé et il a creusé les finances du club. Il a pourtant tout essayé : les changements d'entraîneur quasiment chaque année ; nommer son fils à sa place, puis revenir et repartir ; la valse des directeurs sportifs… Et puis, il a fini par faire comme tout le monde. Former des bourrins et vendre pour récupérer un peu d'oseille. Il a confié les clefs du club à un ex-repris de justice, Mogi Bayat. Un type qui explique que ce n'est pas grave de faire de la taule, puisque Nelson Mandela aussi en a fait ! Bayat a un réseau qui peut lui permettre de bien vendre les joueurs. C'est ce qui compte, désormais. Treize ans après son arrivée à Nantes, Kita n'attend plus rien du foot.

Le reste ? Les clubs de L1 sont gérés le plus souvent par des entrepreneurs locaux qui bricolent comme ils peuvent. Une année oui, une année non. Comme le paysan subissant la météo sur son champ de blé.

***

Chez les nouveaux dirigeants de notre foot, la mode est au coach étranger. On en a eu ras-le-bol des entraîneurs français dont le seul projet de jeu était de ne pas perdre. Christophe Galtier s'est longtemps inscrit dans cette logique. J'ai le cinquième budget, si je termine cinquième du classement, l'objectif est atteint. De la comptabilité plus que du foot.

Je l'ai beaucoup critiqué pour cette mentalité étriquée.

Son rêve a longtemps été et doit encore être de diriger l'OM, son club. Le soir où j'ai dit que jamais les supporters de l'OM ne voudraient d'un coach avec une mentalité de boutiquier, il n'a pas aimé. Galtier a voulu qu'on se rencontre. Comme souvent quand on rencontre les gens, ça s'est bien passé. Il existe un fantasme autour des rapports entre les journalistes et les gens du foot. Si on donne trop son avis, si on critique, on doit être détesté, non ? À dire vrai, non. L'échange avec Galtier fut courtois. Je n'ai jamais eu la prétention de penser que je pouvais influencer qui que ce soit, mais au fil des années, il est évident que Galtier a modifié son discours. Il a évolué et réfléchi sur son métier. Avec humilité, il a regardé ce qui se faisait ailleurs. Pour continuer à bosser, mieux valait changer. Il n'a jamais semblé aigri de l'arrivée d'entraîneurs étrangers en L1. Il n'a jamais voulu défendre sa corporation par simple chauvinisme inutile. À Lille, Galtier a donné des interviews d'une belle dimension en matière de jeu, de rapport au public, de ce que doit offrir le foot aux gens qui le regardent. Dans une interview fin mai 2020, Gérard Lopez, le président du LOSC, expliquait son projet et le rôle de son entraîneur. Certes, il fait du trading et il le reconnaît. Notre foot n'est rentable que grâce aux droits télé et aux ventes de joueurs. Il faut s'y faire. Mais lui tient néanmoins à ce que les joueurs qui sont au LOSC offrent du spectacle. Le public ne les verra pas longtemps, mais l'identité de jeu doit rester forte. À défaut de pouvoir compter sur un attachement aux joueurs qui vont et viennent, Lopez souhaite offrir un jeu attractif. C'est ce qu'il a proposé à Galtier quand il l'a recruté. La démarche a du sens. Le jeu pour améliorer la compta, le propos m'intéresse bien plus que tous ceux que j'ai pu entendre m'expliquer qu'ils allaient remplir le stade, intéresser les gens en recrutant des spécialistes marketing et billetterie... Que Galtier ait changé et se soit adapté montre encore une fois son intelligence.

Claude Puel, lui, s'est servi de son expérience anglaise pour élargir son horizon. Le jeu, et les explications qui l'accompagnent. La communication. À laquelle les joueurs sont aussi attentifs que les supporters. L'entraîneur doit désormais surveiller sa « présentation » et savoir communiquer. José Mourinho a tout compris avant les autres. Il a mérité son titre de coach du XXIe siècle en 2003-04 quand il a débarqué sur la scène européenne. Les joueurs l'ont aimé et suivi autant pour sa méthode de travail que pour la personnalité clivante qu'il affichait dans les médias.

Les coaches français ont très longtemps été loin de tout ça. Ils n'ont pas pris le bon wagon. Les Portugais, par exemple, se sont mieux vendus. Ils portent mieux le costume et assurent un bon service après-vente.

Je ne sais pas si Puel est un bon exemple, mais il livrait néanmoins une bonne analyse : « *Le coach français doit bosser là-dessus aussi, prendre conscience que la com', c'est important. Bien s'exprimer, avoir du charisme, une bonne présentation. Le paraître est devenu important. C'est un élément du management. L'important n'est plus le terrain, mais la gestion de l'humain. Comme disent beaucoup de coaches, avant c'était 80 % terrain, 20 % humain, maintenant c'est l'inverse !* »

En mai 2020, dans une interview à *L'Équipe*, Arsène Wenger notait que les techniciens français ne s'exportaient plus. Les joueurs français, ça passe les frontières, mais pas les entraîneurs. Quand Wenger parle, les gens écoutent. C'est l'Évangile selon Arsène. Assurément, sa carrière parle pour lui et mérite d'être admirée et respectée, mais de là à tout avaler sans moufter… José Mourinho, dont le palmarès est bien plus étoffé, a eu droit à de vives critiques en France. À son sujet, je me prive d'ailleurs rarement. Il a beau avoir été un coach fabuleux pendant dix ans, on peut noter un coup de fatigue à un moment de sa carrière. Mais Wenger est Français. Et notre foot est plein de corporatisme. De la pire espèce. De celui qui enferme, isole et se croit supérieur.

Ancelotti a été quasiment traité de moins que rien quand il est arrivé au PSG. Pour Leonardo Jardim, ce fut encore bien pire. Des critiques teintées de mépris, pour ne pas dire plus. Son accent, son allure, on a frôlé le « maçon portugais ». Faut-il évoquer le cas Marcelo Bielsa ? Reconnu partout dans le monde comme un intellectuel brillant. Admiré partout où il est passé. La grande majorité des joueurs qui ont travaillé avec lui ne tarissent pas d'éloges à son égard. Pep Guardiola comme Mauricio Pochettino le considèrent comme un maître. Mais en France, « l'opinion foot » l'a pris pour un guignol, un coach de seconde zone. Un comble au pays de Raymond Domenech, saint patron de l'UNECATEF, le syndicat des entraîneurs. L'entraîneur étranger est suspect. Il prend le banc des Français. Il empêche la machine de tourner. On prend une équipe, on se plante, on va faire le consultant sur Canal ou ailleurs, on ne froisse personne, on retrouve un club, on se re-plante et on retourne à la télé. Et puis à un moment, on reste définitivement consultant parce qu'on est trop vieux.

Guy Roux, figure du foot français, avait au moins le mérite de ne pas se cacher. Il ne voulait pas que les entraîneurs étrangers viennent chez nous. Il faisait la chasse aux diplômes, aux équivalences. Il cherchait par tous les moyens à compliquer la vie du coach étranger. Il voulait avant tout des coaches made in France.

On peut néanmoins comprendre qu'on veuille tenter autre chose de temps en temps. Ce n'est pas comme si le label France était gage de réussite.

En cinquante ans de Coupe d'Europe, combien d'entraîneurs français ont gagné au niveau continental ? Luis Fernandez en 1996 avec le PSG, Gérard Houllier en 2001 avec Liverpool, et enfin Zinédine Zidane en 2016, 2017 et 2018 avec le Real Madrid. Zidane, dont les références sont totalement étrangères, aussi bien en tant que joueur que dans sa formation intellectuelle de coach.

On ne se risquera pas à une comparaison avec les entraîneurs italiens, portugais, espagnols, allemands, britanniques, néerlandais, argentins… Il faudrait plutôt se demander qui ne nous supplante pas. Pourtant, on continue d'être très sûrs de nous. Fiers et arrogants, nous n'avons de leçon à recevoir de personne.

Je ne sais pas ce qui a poussé Arsène Wenger à cet élan corporatiste. Pourquoi diable n'y a-t-il pas de coaches français dans les clubs européens, demande-t-il avec un ton invitant à chercher dans ce constat une forme d'injustice, voire de complot. Wenger croit détenir une part de vérité, ou un bout d'explication. Nos entraîneurs n'ont pas les bons agents parce qu'ils n'ont pas le réseau adéquat. Les joueurs l'ont, mais pas les coaches, donc ? C'est un peu l'histoire de l'artiste maudit. L'écrivain dont l'œuvre n'a pas été appréciée de son vivant.

Évidemment, personne n'a osé rétorquer à saint Arsène : mais c'est peut-être parce qu'ils sont nuls, non ? Ce n'est peut-être pas un hasard si historiquement, il n'y a jamais eu d'école française du coaching ? Quelles sont les pensées footballistiques qui ont traversé notre pays ? Quelles sont nos références ? La pensée Deschamps : il n'y a que le résultat qui compte ? C'est suffisant ?

Wenger va plus loin et sort sa robe d'avocat pour défendre le pauvre Laurent Blanc. Un cas d'espèce. Pourquoi n'a-t-il pas de banc ? Une injustice et un mystère, hurle Wenger. Ça ne peut être que ça. Et le réseau, bien sûr. Oui, le réseau. On peut aussi tenter une autre explication. Dans un milieu du foot où tout se sait, on sait donc qu'au-delà d'une bonne réflexion sur le jeu, ça s'est très mal terminé pour Blanc à Bordeaux, par exemple. Suite au titre de champion de 2009, son management catastrophique et le départ vers les Bleus ont été vécus comme une trahison. Chez les Bleus, son côté individualiste a frappé les esprits. Au sortir de la crise de Knysna, on a cru en lui et à sa capacité à faire le ménage. Au lieu de ça, il a surtout pris les gens pour des idiots. Il a sanctionné les mutins du bus pour un pauvre match amical avant d'ouvrir à nouveau les portes. La sale mentalité s'est réinstallée et il a été débordé durant l'Euro 2012.

Au PSG, tout le monde sait qu'en termes de management, heureusement qu'Ibrahimovic était là. Heureusement aussi que Jean-Louis Gasset était là pour s'occuper de l'entraînement. À force de le répéter, ça ressemble à une blague récurrente, mais Blanc sans Gasset, c'est une tarte aux fraises sans fraises. Et puis, plusieurs affaires ont mis à mal son management. La plus célèbre étant la fameuse vidéo de Serge Aurier sur Périscope. À travers cette triste séquence, le joueur, en insultant son entraîneur et en doutant ostensiblement de ses compétences, ne révélait-il pas un secret mal enfoui ?

Au sortir de son expérience au PSG, que les experts français (surtout ses amis journalistes et consultants) ont qualifiée de réussie, il aurait dû trouver un club. Tout le monde allait venir vers lui. Pourquoi, alors que paraît-il seul le résultat compte et fait foi, personne n'est venu lui proposer un banc ?

Très présomptueux, Blanc a d'abord fait savoir que seul un grand club européen pouvait l'intéresser. Assis sur son indemnité d'environ 20 millions d'euros versée par le PSG, il avait de quoi voir venir ; du temps aussi pour améliorer son handicap au golf. Mais le temps est passé. Et comme je l'avais souvent dit à l'antenne, me faisant tailler en pièces par ses amis consultants, il n'a rien trouvé. Personne n'est venu. Parce que tout le monde dans le milieu sait qu'il n'est pas bon, qu'il lui faut Gasset à ses côtés. Tout le monde sait aussi qu'il n'est pas un fou de travail. Quand, à l'automne 2019, l'OL a cherché un coach pour remplacer Sylvinho, il était évident qu'enfin Blanc allait arriver. Et puis, il est venu passer l'entretien devant les décideurs lyonnais. Certains ont confié qu'ils ont trouvé face à eux un coach qui savait à peine comment Lyon avait joué jusque-là. Ils ont vite analysé la situation et engagé Rudi Garcia. Et pour engager Garcia qui sortait d'une saison calamiteuse à l'OM et qu'aucun supporter lyonnais ne voulait voir débarquer au club, c'est que Blanc a vraiment dû faire mauvaise impression ! Monsieur Wenger, un avis ? Sinon, plutôt que de poser de fausses questions dans les médias pour faire la promotion d'un proche, vous auriez pu demander à votre ami Gérard Houllier, le conseiller personnel de Jean-Michel Aulas. Il a fait partie des décideurs qui n'ont surtout pas voulu de Blanc à Lyon.

***

À cause de Laurent Blanc, je me suis brouillé avec Luis Fernandez. J'ai toujours eu beaucoup d'affection pour Luis. Je l'aimais comme joueur, puis comme collègue et ami. Peu importent nos différences apparentes. Sa passion, sa gouaille, son sale caractère, son côté parfois barré, cyclothymique, j'aimais à peu près tout. Pas tous les jours, hein, car il peut être fatiguant, mais c'est un type généreux et surtout attachant. Et pour parler foot, on est face à un mec costaud. Un gars qui enfile les matches à longueur de journée. Un passionné qui sait de quoi il parle. Tactique, technique, il connaît tout.

Je l'admirais joueur du PSG et des Bleus. Je l'ai aimé coach du PSG parce qu'il était un enfant du club. Son PSG a livré de grands matches en Coupe d'Europe. C'est lors de son deuxième passage au club que je l'ai rencontré. D'abord en conférence de presse, où je n'étais pas toujours tendre avec lui. En 2002-03, le PSG n'allait pas très fort. Je le disais et mes questions en zone médias pouvaient être dures. Il ne m'en voulait pas. Malgré mes critiques, j'avais toutefois pris parti pour lui dans la guerre qui l'a opposé au président du club d'alors, l'incompétent Laurent Perpère, un énarque hautain et méprisant qui n'aimait pas Luis. Ce n'était pas forcément mon rôle de prendre parti, mais cette espèce de racisme social m'agaçait. Luis ne s'exprimait pas bien, ce n'est pas un intello, et alors ? Sa marionnette aux Guignols et l'image qu'il traînait dans certains cercles médiatiques me faisaient chier. Je me sentais proche de lui. Le côté fils d'immigrés, peut-être, la construction sociale avec des parents qui donnent tout pour qu'on ne rate pas l'ascenseur. Pas mal de choses me rapprochaient de lui. J'étais allé à l'école plus longtemps que lui, mais il avait été meilleur en foot que moi à la fac, après tout ! Quelques années plus tôt, Denisot aussi l'avait pas mal méprisé, laissant fuiter partout des anecdotes qui permettaient au microcosme parisien de se foutre de sa gueule. Ça aussi, ça m'énervait. Lui moins, visiblement. Il est à l'aise dans tous les milieux et se fout pas mal de ce qu'on pense de lui. J'aimais quand il me racontait que Jean-Luc Lagardère l'invitait souvent à passer le voir à son bureau rue de Presbourg. *« Jean-Luc, il aimait bien parler foot et chevaux avec moi. Il devait se faire chier parfois avec ses collaborateurs.* » Il en tirait une certaine fierté. Parti de rien, arrivé tout en haut, Lagardère père était un patron à l'ancienne. Un truc pas simple à définir. Dans mon esprit, ce sont plutôt des images. Un café dans lequel le patron et l'ouvrier parlent, s'engueulent et finissent par se taper dans le dos. Ça sent les années 60/70, le cinéma de Sautet, les Trente Glorieuses. Une France gaulliste, droite popu dont Philippe Séguin aurait été le bon président.

Pour préparer le livre *PSG-OM, les meilleurs ennemis, enquête sur une rivalité*, Luis avait accepté de me montrer un OM-PSG en « inside ». Avion avec les joueurs, préparation, vestiaire, j'étais heureux et très excité par l'expérience qu'il m'offrait. Il avait juste oublié de me prendre une place pour le match. Je me suis vu quelques minutes rester dans le vestiaire en attendant la fin. Finalement, il m'a trouvé un billet. Au milieu des supporters de l'OM. Paris a gagné 3-0 et j'ai joué la comédie du mec abattu pour être en phase avec les gens autour de moi. On s'est ensuite un peu perdus de vue puis retrouvés quand je lui ai proposé d'écrire sa bio, *Luis contre-attaque*. C'était bien, ça a bien marché et il était content. On était tous contents. On a ensuite bossé ensemble à RMC. Il se moquait de moi en m'appelant, selon les jours, « l'intello du foot » ou « le fakir ». Aucun des deux surnoms ne me gênait vraiment. Je trouvais même ça flatteur.

Ça a déraillé entre nous quand il m'a demandé de calmer mes critiques vis-à-vis de Laurent Blanc. C'était son ami, disait-il. Et à cause de moi, l'entraîneur du PSG ne voulait pas venir dans son émission. Cette situation m'a profondément agacé. S'il était vraiment son ami, il n'avait qu'à venir sans se soucier de ce qui pouvait être dit dans une autre émission de l'antenne. J'ai toujours pensé que c'était du pipeau. Une fausse excuse. Blanc n'allait nulle part. C'est un type hautain avec une haute estime de lui-même. Une prétention qui l'a isolé. Et puis je n'ai jamais supporté les mecs qui font appeler les autres pour se plaindre. Ceux qui appellent le patron pour faire taire le journaliste. Domenech, Aulas, Blanc, Labrune, Le Graët, Féry entre autres ont fait ça. Je dis « entre autres » parce que mon ex-boss François Pesenti me cachait beaucoup ces appels. *« T'inquiète pas, on s'en fout, je te protège. Fais juste attention à la diffamation »*, voilà en gros quelle était la règle. Je préfère de loin le coup de fil direct. J'ai pu être dur avec Bruno Génésio ou Christophe Galtier. Ils m'ont appelé et on a discuté. C'est tellement plus respectable, tellement plus humain.

Blanc n'est donc jamais venu à RMC et Luis m'a longtemps fait la gueule. Absurde. On se reparle aujourd'hui et je sais qu'il sait s'être trompé. Je n'ai pas besoin de confession, je le sens. Quand Luis appelle tard le soir pour parler du PSG-Saint-Étienne de 1982 et de la tactique de Georges Peyroche, c'est que tout va bien !

***

Monsieur Wenger, si les clubs étrangers ne font pas appel à des entraîneurs français, ce n'est pas par manque de réseau. Ce n'est pas une injustice. Sur quoi serait-elle basée, d'ailleurs ? Racisme anti-français ? Sérieusement ? Non. Si nos entraîneurs ne sont pas recrutés par des clubs européens, c'est qu'ils sont nuls, tout simplement. Nuls, c'est un mot trop fort ? Alors quoi ? Limités ? Peu ouverts, pas assez bien formés, ne se souciant pas de l'évolution du jeu, des hommes ? Peu enclins à bosser l'expression, la communication ? Ils ressemblent à des profs d'EPS qui enfilent un costume au dernier moment et mettent la cravate de travers.

Arsène Wenger a été un joueur pro. Mais un défenseur très moyen. Ce n'est pas son passé de joueur qui l'a fait devenir un grand coach. C'est sa réflexion sur le jeu. La tradition française repose beaucoup sur l'idée qu'il faut avoir été sur le terrain pour savoir. Une façon délicate d'appréhender le métier, car elle conduit à se demander s'il faut avoir été bon, si le niveau, le palmarès déterminent la capacité à devenir un grand coach. Ainsi, dans notre pays, l'accession à la profession n'aurait pas été possible pour des hommes dénués d'expérience terrain tels Sacchi, Sarri, Mourinho, Villas-Boas, Jardim… Je pourrais ajouter à la liste des coaches qui n'ont pas joué celle de ceux à la carrière médiocre, comme Klopp, Tuchel, Jorge Jesus ou van Gaal. La liste des entraîneurs de renommée mondiale qui n'ont pas ou peu joué au foot est très longue, mais on continue de diffuser l'ânerie selon laquelle il faut avoir joué pour entraîner. Le travail, la réflexion, l'intellectualisation, ça n'existe pas. Seule la pratique compte dans notre univers footballistique.

Vous pouvez argumenter, citer tous les noms de la terre, pour beaucoup, ça ne passe pas. Un type comme Bernard Lacombe pourrait être le chef de la bande des butés, sur le sujet. À Lyon, il n'a jamais accepté Houllier entraîneur. Il passait son temps à expliquer à qui voulait l'entendre à Tola-Vologe que l'OL n'irait jamais nulle part avec un coach qui ne savait pas jouer au foot et qui n'était pas foutu de corriger la position du corps d'un joueur au moment de la frappe. Liverpool est un club qui ne doit rien comprendre au foot, alors, pour l'avoir gardé aussi longtemps, non ? En tout cas, en Angleterre, c'est un homme écouté et très respecté. Mais nous, on sait toujours mieux que les autres.

Diriger une équipe pro sans avoir été joueur pro, c'est un vrai sujet en France. Un blocage. Nous sommes le seul pays au monde à donner tort à

Sacchi quand il explique : *« Il ne faut pas avoir été cheval pour être un bon jockey. »*

Concrètement, ça veut dire quoi ? Qu'espérer se retrouver à la tête d'une équipe de Ligue 1 sans avoir été pro est vain, ou presque. Pour l'amateur, c'est un parcours du combattant. Au début de la saison 2019-2020, on comptait quatorze coaches français en L1. Douze étaient d'anciens joueurs pro. Les deux exceptions : Julien Stephan, fils de Guy Stephan, l'adjoint de Deschamps en équipe de France, à Rennes, et Ghislain Printant, qui n'a fait que deux mois à Saint-Étienne.

Un « verrou » dont, curieusement, les médias français ne font jamais mention ; en tout cas je cherche encore. Récemment, *Le Temps*, remarquable quotidien suisse, s'est penché sur la question. La différence d'accès à la profession d'entraîneur entre l'ex-joueur et celui qui ne l'a pas été est flagrante. Un ex-international ayant disputé 150 matches en L1 arrive directement au diplôme. Son *alter ego* moins chanceux, lui, doit avoir été entraîneur principal d'un club non pro au niveau national pendant au moins cinq ans. Mais comme les anciens joueurs trustent même les bancs des équipes de niveau inférieur, c'est verrouillé. Au final, depuis 2002, 85 % des entraîneurs sont d'anciens joueurs. L'argent peut également être rédhibitoire pour certains, puisque le parcours jusqu'au diplôme peut coûter entre 30 000 et 40 000 euros ! Personne ne dénoncera ce système sclérosé et consanguin. Les ex-pro s'en félicitent, évidemment, et les autres ne veulent pas parler de peur de voir réduite à néant leur petite chance d'y arriver.

On reste entre nous, voilà pour la règle. Ça limite le débat, la discussion. Une autre façon de faire n'existe pas. Globalement, dans le football français, on a, au mieux, une méthode, mais pas de discours. Intellectualiser le foot est une faute. La Ligue 1 a une grande capacité à sortir des jeunes joueurs, mais n'arrive pas à produire une parole à la hauteur.

Je ne suis pas un grand connaisseur de rugby, mais j'aime l'histoire du XV de France et j'ai toujours suivi son actualité. Très vite, il m'est apparu que dans ce sport, il y avait de vraies discussions autour du jeu. Les interviews de Berbizier, Villepreux, Laporte, Novès sont souvent passionnantes sur le sujet. On assiste régulièrement à de vives altercations entre ces personnalités. Rien de tout ça dans le foot où, par tradition, c'est celui qui gagne qui a raison. Le « comment » devient un débat annexe, et vite rébarbatif pour beaucoup. Peu d'entraîneurs sont capables de parler brillamment de football.

Le constat actuel est globalement pauvre. Il n'y a quasiment personne pour théoriser, en tout cas parmi nos entraîneurs les plus médiatisés. Il y a quelques années, Jean-Marc Guillou avait exporté son savoir en Afrique. Et on doit évidemment citer

Jean-Marc Furlan, souvent raillé par ses pairs parce qu'il dirige de petites équipes. Il apparaît pourtant difficile de concevoir que le football puisse être trop grand pour être pensé objectivement ; mais un excès de cartésianisme rend inerte notre regard sur le sujet. Ce jeu a tardé à être reconnu en France comme une pratique sociale digne d'intérêt. C'est le sport d'« en bas ». Il n'a aucun prestige. Tout juste est-il bon à provoquer une extase nationale lorsque les Bleus gagnent, comme disait Edgar Morin.

Le foot, rassurez-vous, ne nourrit aucun complexe de cette histoire. Il répond par le mépris à celui qui théorise ou qui se « branle le cerveau ». T'as joué, tu sais. Et on en revient quelque part à la vanne de Luis qui pensait me chambrer en m'appelant « l'intello du foot ». Les barrières sont solides et encore aujourd'hui difficiles à bouger. Des revues comme *So Foot* et *Les Cahiers du football* ont apporté un regard nouveau, mais elles sont marginalisées. Personne ne les lit dans le monde du foot. La cible est claire : on vise l'étudiant qui aime le foot. Le terme d'« intellectuel du football » est donc doublement dépréciatif puisque aucune entité ne reconnaît l'autre et que celui qui en est affublé ne passe ni pour un véritable intellectuel ni pour un vrai connaisseur du football. J'ai beau essayer depuis des années, il arrive toujours un moment, quand je parle foot avec des consultants, où je prends dans la tronche : *« Mais t'es qui ? T'as pas joué, tu peux pas savoir.* » Pas un consultant, dans un débat où il était à court d'arguments, ne s'est réfugié derrière cette phrase magique.

Une tradition française bien ancrée. Gabriel Hanot et Georges Boulogne, figures tutélaires des entraîneurs de football en France, en ont posé les bases en favorisant la reconversion des anciens joueurs. L'Amicale des entraîneurs diplômés (qui donnera naissance en 1977 au syndicat UNECATEF) est la plus vieille association d'acteurs du football dans notre pays. Elle se distingue à partir des années 1960 par un corporatisme militant. C'est à la même époque que la revue *Miroir du football*, en cherchant à théoriser le foot et en parlant de jeu, s'opposera violemment à la DTN. L'échange sera de courte durée et échouera à imprégner la culture du foot en France.

En voulant développer et structurer le football en France, notamment (intention louable) à travers les centres de formation, Georges Boulogne a coupé les ponts avec le monde extérieur. Quand il arrive à Bordeaux en 1975, Daniel Jeandupeux note ainsi un rejet total de ce qui n'est pas français. Il remarque aussi que dans un club, le président est plus important que l'entraîneur. C'est lui le personnage central, même quand il faut parler foot !

Au fond, Aimé Jacquet fait figure de synthèse de ce qu'est l'entraîneur français. Révélé à Bordeaux, caché derrière un président omnipotent, Claude Bez, il est le technicien, tout simplement. Dans sa plus simple expression. Si on devait caricaturer, on pourrait dire l'homme en survêtement, avec le sifflet autour du cou.

La polémique entre Jacquet et les médias avant le succès de 1998 tourne finalement autour de ça. En substance, on se demande si c'est avec un type comme ça qu'on peut être champions du monde. Ne faut-il pas un homme d'une autre dimension ? Les critiques ont parfois été dures, surtout quand elles sont devenues « personnelles », comme celles se référant à son origine sociale ; mais avec le soutien de ses joueurs, qui évoluaient tous à l'étranger, il a gagné. Un sommet pour la France, une catastrophe pour son football.

Pour Jacquet, sorte d'entraîneur martyr, c'est l'affirmation que le foot doit rester une propriété privée. Les médias doutaient. Ils se sont trompés, donc silence dans les rangs ! Quelques minutes après le sacre, les premiers mots du nouveau héros étaient attendus : ils sont pleins de rancœur à l'adresse de tous ces « penseurs » qui l'ont blessé. La victoire de l'équipe de France, c'est d'abord la victoire des techniciens. Si vous n'êtes pas du sérail, vous devez vous taire. Fin d'un débat qui n'a finalement pas existé. En 1998, le foot est récupéré par tout le monde, les politiques, le marketing, la communication, mais la machine doit rester dans les mains des hommes en survêtement. Pire, n'oublions jamais que Jacquet a succédé à la tête des Bleus à Gérard Houllier, un coach qui n'avait pas été joueur et qui a dirigé l'équipe de France lors de la pire débâcle de notre foot, en 1993 ! N'en jetez plus ! Et peu importe si l'un des plus fidèles soutiens d'Aimé Jacquet, Raymond Domenech, a dirigé les Espoirs pendant dix ans pour des résultats et un jeu calamiteux. Sans parler de son aventure avec les A qui s'est achevée dans un bus en Afrique du Sud. Le jeu n'est pas non plus un sujet de discussion. Les critiques sur la pauvreté technique du onze de Jacquet viendront bien plus tard. Mais le mal est profond. De la formation des joueurs à celle des entraîneurs, on mise sur le physique, le muscle. Vingt ans plus tard, Deschamps livre une photocopie parfaite. Le contexte a toutefois changé puisque le débat existe et que j'ai maintenant le droit de dire que c'est l'un des plus moches champions du monde de l'histoire. Deschamps ne parle pas de jeu. Il parle de résultat.

Les positions sont radicales et les choses bougent peu. Et pendant que l'Italie donne sa chance à Sacchi pour révolutionner la Serie A et offre une carrière à l'ancien cadre de banque Maurizio Sarri, ou que l'Allemagne lie son destin à celui de Joachim Löw, nous, on entend toujours le même refrain. Celui de Bernard Lacombe qui soutient Bruno Génésio à l'OL en attaquant ses supporters, sommés de se taire car ils n'ont aucune compétence !

Autour du cas Génésio, la querelle n'était pas loin d'être idéologique. Les supporters revendiquaient en effet le droit au spectacle, la fin de l'ennui. Le Lyonnais comme ses collègues sont de plus en plus souvent confrontés à un ras-le-bol du discours centré sur le résultat seul. Gagner ne suffit plus aux supporters. On veut un coach avec du charisme. Une explication, un discours, des convictions.

Je veux croire que l'arrivée de Marcelo Bielsa à Marseille en 2014 a été un tournant. Pendant que tous les observateurs dépassés ne voyaient que la forme, les fans de l'OM et ceux qui avaient envie d'air frais dans notre foot moisi ont compris qu'ils avaient devant eux un phénomène. Un type capable par son discours apparemment atone de soulever une foule, de proposer une équipe passionnée et spectaculaire. Une équipe qui rend fier même quand elle perd. L'OM de Bielsa n'a duré qu'un an mais il a passionné tout le monde. Il a été aimé et détesté. Rejeté par les crétins qui ne comprenaient pas le changement, ni ce que cela avait d'innovant pour notre L1 de voir une équipe aussi généreuse et peu soucieuse de pleurer un résultat. L'OM de Bielsa a fait plus parler que le tout-puissant PSG cette année-là. Ses conférences de presse étaient des leçons de foot, des « masterclass » comme on dit aujourd'hui. Les joueurs qui ont évolué avec lui sont encore marqués par un apprentissage hors normes. Bien sûr, les coaches de notre petite Ligue 1 ne se sont pas privés de le critiquer et de pavaner quand ils battaient l'OM. Ils n'avaient même pas conscience que c'est Bielsa qui les rendait meilleurs, les poussait enfin à réfléchir.

Bielsa n'est resté qu'un an et doit néanmoins être, pour beaucoup de supporters marseillais, leur coach préféré « ever » ! Devant Deschamps, l'homme qui a levé la Coupe d'Europe et a redonné un titre de champion au club après dix-huit ans ! Visiblement, le résultat et les lignes de comptes ne suffisent pas toujours à rendre les gens heureux.

***

Le 15 juillet 2019, André Menaut est mort. Personne ne l'a signalé et personne ne sait qui c'est. Je ne donne aucune leçon, puisque son nom n'a pas été évoqué dans l'*After* et que je dois avouer une méconnaissance totale de cet homme. Entraîneur des Girondins de Bordeaux entre 1974 et 1976, Menaut était d'abord un universitaire, doyen de la faculté des Sports de Bordeaux. Il a toujours défendu l'idée que l'on pouvait être un grand intellectuel et un grand connaisseur du football. Jean-Marc Furlan était son ami et élève. Selon lui, c'était le meilleur théoricien que la France ait connu. *« En avance sur son temps »*, poursuit Daniel Jeandupeux, qui ajoute qu'il faisait peur à beaucoup de monde. Peur ? Incroyable. Un universitaire peut faire peur ?

Ceux qui l'ont connu conseillent ses livres : *Le Réel et le possible dans la pensée tactique* et

Football et Humanisme, publié en 2017 et qui compile vingt ans d'enseignement et de recherche. André Menaut, c'est donc le Vitor Frade français. Sauf que Frade a fait école au Portugal et que tous les grands coaches du pays se réclament de lui. En France, Menaut est un anonyme.

La question reste donc toujours la même : pourquoi le football français n'est-il pas capable de produire un Sacchi, un Guardiola, un Bielsa, un Menotti, un Cruyff ? Albert Batteux a marqué une génération d'entraîneurs, mais son enseignement n'est pas devenu théorique et ne s'est pas inscrit dans le temps.

Sur les styles de jeu, c'est tout aussi pauvre. À part José Arribas et son élève Suaudeau à Nantes, exemple sans cesse ressassé, on n'a pas grand chose à se mettre sous la dent. On aurait aimé que des écoles s'opposent, que ça suscite des débats, mais tout cela est apparu bien tard dans nos habitudes. La première décennie des années 2000 touchait à sa fin quand les débats sur le jeu sont devenus plus fréquents. Chez nous, pas d'opposition entre les ennemis intimes Carlos Bilardo et César Luis Menotti. Notre maître mot, c'est « pragmatique ». Un peu comme si, à force de prendre des raclées en Coupe d'Europe, notre pensée avait été déformée pour se réduire à une conclusion en forme de constat. Une vision du foot réduite à sa plus simple expression : on a perdu ou (moins souvent) on a gagné. Savoir pourquoi n'importe pas. « Deschamps touch ».

Dans ce monde de pragmatiques, on trouve bien quelques ambitieux (Guillou, Furlan, Suaudeau), souvent marginalisés, mais pas d'idéologues, ce qui surprend dans un pays qui peut être malade de son dogmatisme. Les conférences de presse de nos entraîneurs sont souvent insipides. Rudi Garcia est l'un de nos entraîneurs les plus connus. Il est sur le banc de l'OL, un club phare de notre L1. Il a été à l'OM. Mais l'écouter est une souffrance. À moins qu'il ne le fasse exprès. Sa théorie des « si » est devenue célèbre : *« Si on avait gagné trois matches de plus, on serait plus haut au classement », « Si on avait marqué un but, on n'aurait pas perdu ».*

Doit-on s'étonner alors de ne voir aucun entraîneur français sur un banc étranger ? Pour quelles raisons viendrait-on nous enlever nos « ennuyeurs » ?

Pour autant, personne ne bouge. Que font nos formateurs, notre DTN, notre UNECATEF ? Rien. Ils doivent continuer à penser qu'ils sont les meilleurs. Car oui, c'est une de nos grandes particularités, on pense vraiment être les meilleurs. Si on prend les autres, c'est à cause du réseau. Il faut voir avec quel mépris notre foot juge la présence en nombre des coaches portugais en Europe. La mode (forcément stupide et éphémère), le réseau, les agents, tout explique ce constat. Mais pas le travail, la réflexion, ça non ! On est les meilleurs. Jamais une remise en cause. On est champions du monde. On a mis vingt ans à digérer le premier titre et à faire du copier-coller de la méthode Jacquet. On joue tous pareil. On forme les joueurs pour que ça ressemble à France 98. Du muscle partout, du combat. Et un ou deux joueurs offensifs devant, c'est bien assez. On ne se dit pas que ces joueurs évoluaient tous à l'étranger, que ça avait nourri et développé leur talent, leur intelligence. Vingt ans plus tard, même modèle. Donc on est bien les meilleurs. Il m'est arrivé d'entendre que c'était un détail de constater que les joueurs étaient tous éparpillés en Europe. Donc tout va bien. Si on ne gagne pas au niveau européen, c'est par manque d'argent. L'excuse a trente ans, mais ça tient. Avant, c'était à cause de l'arbitre, des autres équipes qui faisaient des choses pas recommandables…

Après Bielsa, la tendance, pour nos clubs, a été de se tourner vers des coaches étrangers. Il y en avait partout. À Nantes, à Saint-Étienne, à Bordeaux. En plus de Paris, Marseille, Monaco… À Marseille, Vincent Labrune, quand il était encore président, avait même lâché qu'il ne voulait plus d'entraîneur français. Ça n'a fait bouger et réfléchir personne. On ne change rien. On attend qu'ils se plantent. On continue avec les mêmes hommes. Domenech pour nous représenter, Francis Gillot, Franck Thivillier et Lionel Rouxel pour faire passer les examens. Avec ça, on est bien. On peut s'arrêter un instant sur la riche carrière de Rouxel. Ancien attaquant de bas de classement de L1 et surtout de L2, il a réussi une brillante reconversion. Entraîneur des jeunes à Guingamp, puis sélectionneur de différentes catégories à la FFF, on peut dire que son premier club et la Fédération lui ont toujours tendu les bras. Et c'est probablement un hasard si le point commun entre le club breton et la FFF est Noël Le Graët. Juste une coïncidence. Dans le foot français, avoir joué à Guingamp et être Breton sont des atouts considérables. Si vous n'avez aucune de ces deux qualités, il faut au minimum une maison dans le coin. Domenech et Deschamps n'ont pas failli et se sont bien rattrapés pour rester dans les petits papiers du boss Noël : ils ont construit.

Rouxel fait donc partie des mecs qui filent le diplôme d'entraîneur national et sa compétence première, c'est : Guingamp ! Comme quoi Wenger avait raison, le réseau, ça marche !

Si on ne devait citer qu'un seul exemple du peu de réflexion sur le métier, penchons-nous sur le cas Waldemar Kita, président de Nantes depuis 2007. C'est un passionné de foot, il le dit et c'est vrai. Il assume son ingérence dans le secteur technique du club au motif qu'il paye et qu'il doit tout gérer : pourquoi pas. Il change d'entraîneur régulièrement, au gré de son insatisfaction : quinze en treize saisons ! Lors de l'été 2019, il cherche un nouveau coach. Il finit par embaucher Christian Gourcuff. Un entraîneur qu'on range dans la catégorie « intello », adepte du beau jeu et des belles théories. Une bonne nouvelle pour le club et sa tradition. Mais au moment où Gourcuff signe, on apprend que Kita a d'abord sollicité l'Italien Gennaro Gattuso ou, pire, Raymond Domenech ! Ça en dit long sur sa conception de l'identité de jeu. Comment peut-on vouloir des entraîneurs aussi différents ? J'ai dans l'idée qu'on a surtout recruté le seul qui a bien voulu venir…

***

Revenons à André Menaut. Il faut le découvrir. Juste pour se dire qu'il n'est jamais trop tard. Histoire d'espérer au moins un peu. Le spécialiste de la question est son élève, Jean-Marc Furlan. Un entraîneur de « petits clubs » qui montent et qui descendent. Un type apprécié du monde médiatique pour sa faculté à parler foot et surtout à théoriser. L'un des seuls, voire le seul, qui accepte de se confier et qui n'a pas peur de faire des phrases. Le milieu du foot a en revanche plus de mal avec lui. On le méprise. *« Il a fait quoi, ton Furlan ? Ses belles idées, ça ne l'empêche pas de descendre en L2 à chaque fois. »* Visiblement, les autres, avec leurs idées pourries, ne descendaient jamais. Et puis ça n'a pas empêché Furlan de monter, quatre fois, de L2 en L1. Alors, pour faire simple, on l'a placé dans la catégorie « entraîneur de L2 ». Encore une fois, c'est comme s'il n'y avait que lui pour faire descendre des clubs à l'étage d'en dessous ! Jamais un gros club n'a tenté l'expérience de l'engager. C'est trop risqué de prendre un coach dont le souci premier est de faire bien jouer son équipe ! Et puis Furlan a une compagne, Cécile Traverse, qui est psy et qui l'aide parfois dans son travail. Ça fait un peu trop de jus de crâne, tout ça, pour un monde où les *« On est pas des pédés »* et *« Allez on sort les couilles »* font office de discours motivant pour beaucoup de nos entraîneurs.

Furlan est donc élève de Menaut et dans un entretien accordé au quotidien suisse *Le Temps*, il avait synthétisé sa pensée.

« Michel Hidalgo le connaissait et l'appréciait. Il a énormément souffert de n'avoir jamais été complètement reconnu, ni par le milieu académique, pour qui le sport était une matière vulgaire, ni par le milieu du football, qui ne voyait en lui qu'un "intello"... Pour moi, c'est, de loin, le meilleur théoricien que l'on a eu en France. Au Portugal, par exemple, les entraîneurs doivent passer par l'université. Nous, on s'est coupés de ce monde-là, on est devenus très consanguins. Moi, j'en souffrais déjà quand j'étais joueur, avec les collègues c'étaient toujours les mêmes discussions, les mêmes idées. Et puis à Bordeaux, j'ai rencontré André.

Enfin un autre regard, enfin une épaisseur, enfin une approche globale ! »

Furlan poursuit : « *On ne peut plus faire du football une fin en soi, il doit être un repère structurant, s'accompagner d'une éthique... Menaut a théorisé le besoin d'un "sens" allant plus loin que le résultat et le classement... Le sens, ce n'est pas forcément le "beau jeu". André Menaut insistait beaucoup là-dessus. Le sens n'est pas lié à l'esthétique et le beau jeu est une notion trop fade, trop abstraite, qui plus est difficile à définir. C'est plus une affaire d'émotions et de sensations. Par exemple, le jeu actuel de Liverpool fait vibrer les supporters du club parce qu'il correspond à quelque chose de profondément ancré dans la culture de ce club. Mettre en place du beau jeu réclame du temps. Aujourd'hui, ce n'est plus possible. Mais on peut trouver du "sens"... Le problème, c'est que nos clubs perdent de l'argent alors qu'ils sont organisés selon une logique issue du monde de l'entreprise. Nos présidents cherchent à être crédibles sur le plan comptable et pressent les entraîneurs de gagner le prochain match. On ne fait rien de durable sans une vision plus profonde, à long terme... La France produit des joueurs mais pas d'équipes. Sur le plan des clubs, nous avons énormément de mal. J'ai connu l'époque où l'on croyait que le football espagnol allait mourir, et puis ce pays, l'un des plus pauvres sur le plan des idées, s'est complètement transformé en absorbant celles de Johan Cruyff.*

Aux Pays-Bas, en Allemagne, gagner ne suffit pas… Qu'on se tourne vers des coaches étrangers est une bonne chose. D'une manière générale, le mélange, les échanges et la diversité sont autant de choses qui permettent de s'enrichir. Moi, je défends la pluralité des styles et des méthodes. »

***

Pour mesurer le retard culturel de notre football et de ceux qui doivent l'enseigner du banc, on peut se tourner vers l'Espagne. Au milieu des années 2000 commence la large domination du foot espagnol. S'inspirant de son maître, Johan Cruyff, Pep Guardiola a réinventé ce football. Et si le Barça est « plus qu'un club », Guardiola est bien plus qu'un simple entraîneur. Sa proximité avec le milieu artistique n'est pas juste un luxe pour briller en société et dire qu'il n'est « pas comme les autres » ; elle l'aide aussi dans son approche du métier d'entraîneur. On parle là de l'importance d'avoir une certaine curiosité, de vouloir sans cesse apprendre de nouvelles choses pour progresser. Guardiola a toujours cherché l'inspiration vers d'autres territoires. Avant d'être marqués par le jeu, les joueurs qui évoluent avec lui parlent de son discours, de l'homme. Et tous, sans exception, évoquent les progrès et l'enrichissement personnel obtenus grâce à lui.

Quand il était encore joueur, Pep Guardiola avait rencontré le réalisateur et écrivain David Trueba. C'est lui qui l'accompagna en 2006 à la rencontre de Marcelo Bielsa en Argentine. Essayez donc d'imaginer, en France, un jeune entraîneur entrant en carrière allant voir un réalisateur multi-césarisé, par ailleurs écrivain reconnu. Déjà, à ce stade, c'est compliqué. Et cet artiste accompagne notre jeune coach pour aller voir Bielsa ! Honnêtement, j'ai cherché des exemples, je n'ai pas trouvé. Rudi Garcia va voir François Ozon et ensemble, ils vont rencontrer Sacchi ? René Girard va voir Fabien Onteniente et ensemble, ils rendent visite à Guy Roux ? Impossible d'échapper au sarcasme, désolé !

Dans notre pays cloisonné, envisager une porte ouverte oblige à sourire, à se moquer.

Outre Guardiola, on pourrait parler d'Ernesto Valverde (entraîneur, entre autres, de Valence, Bilbao et Barcelone) et de ses chroniques dans *El País*. En 2018, cet amateur de cinéma et d'échecs a donné sa toute première interview d'entraîneur du Barça à une seule condition : ne pas parler de football ! *« Le football ne se résume pas à gagner ou à perdre »*, disent beaucoup d'entraîneurs de ce pays, comme une sorte de marque de fabrique. Une phrase à faire tomber de sa chaise Didier Deschamps.

La révolution culturelle du foot espagnol n'aurait-elle aucun rapport avec les résultats extraordinaires de la sélection et des clubs à partir de 2008 ? Pepe

Mel, entraîneur passé notamment par le Betis, explique : *« Nous entendons le football comme un jeu créatif. »* Inutile de dire que ça se voit sur le terrain, où tous les joueurs de Liga semblent avoir un QI football dix fois plus développé que celui de nos pauvres joueurs de L1, qui restent surtout des pousse-ballons.

Mais le pays qui a sacralisé la pensée footballistique, c'est certainement l'Argentine. Menotti, Bilardo, Bielsa, Simeone… Ils sont tous très différents mais affichent tous une personnalité hors du commun. Ils ont un style très identifié. Le coach argentin est aussi et peut-être surtout un leader charismatique. Ils sont partout. Il y en avait cinq sur les bancs lors de la dernière Coupe du monde. Ils dominent largement dans les sélections sud-américaines. Ils sont présents en Liga. On a été « *menottista* », comme César Luis Menotti, champion du monde 1978, ou « *bilardista* » si on préfère Carlos Bilardo, champion du monde 1986. On peut aussi être « bielsiste ». Bielsa inspire ses anciens joueurs : Pochettino, Berizzo, Aimar, Gallardo deviennent de brillants entraîneurs.

L'Argentine est un pays obsédé par le football. L'entraîneur est appelé *« maestro »* ou *« profesor »*. Un peu comme en Italie on dit *« mister »*.

La légende dit que juste avant d'entrer en mission au Barça, Guardiola est allé deux fois en Argentine rencontrer César Luis Menotti et Marcelo Bielsa.

Des discussions interminables et riches, qui ont forgé ses idées.

Le caractère fort semble être le seul point commun entre des entraîneurs qui ont tous des styles et des discours différents. Ils affichent une idée très claire de ce qu'ils veulent. L'opposition de styles engendre une confrontation permanente qui pousse à la réflexion.

Jorge Valdano a gagné la Coupe du monde avec Diego Maradona en 1986. Il a joué au Real Madrid puis est devenu entraîneur et directeur sportif du club. C'est aussi un écrivain célébré, un journaliste, un chroniqueur dont l'analyse du foot est un régal. Il est le plus beau symbole de ce foot ouvert à tout et sur tout. Valdano n'a aucune barrière : il les a avalées.

Et puisqu'on a beaucoup parlé de l'opposition fondatrice de la pensée foot entre Menotti et Bilardo, il est temps d'en comprendre les enjeux avec celui qui en parle le mieux : *« Pendant très longtemps, l'entraîneur a été en Argentine un personnage secondaire. Le renversement est né d'une guerre: le* menottismo *contre le* bilardismo, *chacun avec derrière lui son armée journalistique. Cela a alimenté un débat qui ne s'est jamais arrêté depuis. Il est impossible d'imaginer deux écoles plus éloignées l'une de l'autre. Pour l'une, le football est relié à une identité nationale ; pour l'autre, il est universel. Pour l'une, il est fortement attaché à une éthique ; pour l'autre, débarrassé de tout sens moral. Pour l'une, le style est une part importante du jeu ; pour l'autre, seule la finalité – gagner – compte. Entre ces deux extrêmes se situe tout le football. Je suis par exemple clairement* menottista, *tandis que Diego Simeone est* bilardista... » [...]

« Marcelo Bielsa a, lui, créé son propre courant, avec un style très défini. C'est un homme avec une puissance intellectuelle supérieure qui l'incite à chercher et souvent trouver des formules: "Il y a dix-sept manières d'attaquer", "Il existe dix systèmes de jeu". C'est très pédagogique. Moi, j'ai une manière de penser plus volcanique, plus confuse ; lui est carré et méthodique. D'un point de vue éthique et philosophique, il est beaucoup plus proche de Menotti. » [...]

« J'ai paradoxalement été champion du monde avec Bilardo. Mais cela ne change en rien mon sentiment. Avoir été sous les ordres de Bilardo renforce au contraire mon identification à Menotti. Le foot de Bilardo aboutit à un ordre quasi militaire qui me déplaît. » [...]

« Menotti, Bielsa, Messi viennent comme moi de Rosario... Être de Rosario, c'est une manière exagérée d'être Argentin. On y aime le joueur très technique, très créatif. Par tradition, il y a eu à Rosario une exigence esthétique très forte. Lorsque j'ai commencé à jouer, on me définissait comme un joueur plutôt européen, ce qui m'offensait beaucoup. Je voulais être un joueur de style rosarino. » [...]

« J'ai été un entraîneur champion avec le Real Madrid en 1995, mais mon passage juste avant à Tenerife (1992-1994) a davantage marqué les esprits. À cette époque, et encore aujourd'hui, on disait souvent que pour jouer bien au football, il fallait avoir de très grands joueurs, ce qui ne concernait donc que le Real Madrid et le FC Barcelone. Ceux qui luttaient alors pour le maintien cherchaient leur salut dans un football très défensif et spéculatif. Et nous, nous avons échappé à la relégation en étant très audacieux dans notre manière de jouer. Aujourd'hui en Liga, tout le monde joue comme ça et tant mieux ! C'est devenu la marque de fabrique de la Liga. »

On a beau s'ennuyer ferme chaque week-end devant la Ligue 1, aucun entraîneur ne va pour autant revendiquer le fait d'être chiant. Quand il gagne, il se trouve toutes les excuses du monde et évacue le débat sur la façon de jouer. Il crie haut et fort que *« seul le résultat compte »* et remporte l'adhésion d'un tas de neuneus qui répètent que oui, *« seule la victoire est belle »*. Sauf que quand tu discutes avec ces mêmes personnes, leurs souvenirs de foot, ce sont des beaux matches, des joueurs techniques, des belles équipes. Alors on oublierait ça le temps de la victoire ? Une parenthèse d'émotion « bon marché » qui emballe tout et donne lieu à des discours stupides. C'est quoi, une victoire ? Une finale ? Un quart de finale qui n'est qu'une étape ? Le France-Brésil de 1986 n'est-il pas plus intéressant que la finale 1998 ? La même affiche en quart de finale 2006 n'est-elle pas le plus grand match de Zidane ? Oui, Zidane a livré son chef-d'œuvre dans un Mondial mal terminé. Les Pays-Bas de Cruyff n'ont rien gagné et pourtant, ils ont inspiré tout le monde. Le Brésil de 1982 était un régal absolu, que personne n'a oublié, mais il n'est même pas allé en demi-finale. L'histoire du foot est pleine de souvenirs sans Coupe levée à la fin. Répéter qu'on ne retient que le nom du vainqueur est un crime. Une insulte au sport. Sa négation.

Aucun entraîneur n'a jamais affirmé vouloir faire partie du camp des coaches en béton. On les range de force dans cette catégorie. Eux s'excusent de ne pas être dans le camp des « beaux joueurs », en trouvant mille explications, mais aucun ne va se battre pour revendiquer le béton. Pas en France, en tout cas. En Italie, Maldini père, oui. Il assumait. En Argentine, Bilardo aussi. En Italie, le combat entre Sacchi et Allegri, notamment, a fait rage par médias interposés. Poussé à bout et très énervé par les reproches qui lui étaient faits, Allegri, l'ex-entraîneur de la Juventus, avait un jour conclu un débat en déclarant que *« si on voulait du spectacle, on n'avait qu'à aller au cirque »*. La Juventus n'a jamais revendiqué la volonté de séduire. Gagner lui a toujours suffi. Et en cinq ans, Allegri a largement dominé la scène nationale. Son équipe était objectivement supérieure et sans rivale à sa hauteur. La Juve aurait toutefois aimé briller un peu plus au niveau européen. Deux finales de Ligue des Champions, c'est bien, mais le sacre n'est jamais venu. Et si c'était une affaire de style ? Allegri réfute, mais après cinq ans de succès en championnat mais d'échecs en Ligue des Champions, l'argument « style » s'est imposé dans le débat. En étant plus flamboyante, plus offensive et moins conservatrice, la Juve serait peut-être allée au bout de son aventure. C'est l'argument retenu par les dirigeants du club au moment de tourner la page Allegri pour engager Maurizio Sarri. Un coach résolument offensif. N'oublions pas que la star Cristiano Ronaldo s'était même fendue d'un commentaire sur le style de jeu peu reluisant de sa nouvelle équipe. Il sous-entendait, lui le spécialiste de la Ligue des Champions, que pour gagner il fallait être plus audacieux.

Le critère « spectacle » compte de plus en plus. Et s'être fait sortir de la compétition européenne au printemps 2019 par les jeunes virevoltants de l'Ajax n'a pas joué en faveur d'Allegri. Que ces débats et ces questions animent le foot italien est révélateur. Au pays du « résultat roi », le jeu a changé. La révolution Sacchi a beau avoir eu lieu au milieu des années 80, elle a mis du temps à être suivie d'effets. Depuis plusieurs années maintenant, les clubs sont confiés à des entraîneurs qu'on appelle là-bas les *« giochisti »* (les joueurs), par opposition aux *« risultatisti »* (les pro-résultat).

Sacchi m'avait expliqué un jour les raisons (culturelles, sociologiques, historiques) de cette tradition italienne du jeu défensif. Le foot italien s'était structuré dans la pauvreté, dans un esprit de « démerde ». Pour faire simple, Sacchi m'avait donné une image, articulant son exemple autour du mythique Italie-RFA de la Coupe du monde 1970. *« Les Allemands mangeaient de la viande, nous non. On n'avait que le pain ! »* Cette Italie du Mondial 70, influencée par l'Inter d'Helenio Herrera vainqueur de deux Coupes des champions quelques années plus tôt, a jeté les fondations du foot italien jusqu'à Sacchi.

Quand il est nommé coach du Milan en 1987, personne ne connaît vraiment le futur révolutionnaire Sacchi. Il affirme vouloir mettre fin à des années de marquage individuel et de foot défensif. Il adore raconter l'anecdote de la conférence de presse qui précède son premier gros match, contre le Naples de Maradona. Deux fois, trois fois, on lui demande qui va prendre le génie au marquage. À chaque fois, il répond qu'aucun de ses joueurs ne sera jamais sacrifié à une tâche aussi absurde et négative. On ne le croit pas, même quand on lui fait répéter plusieurs fois. Au restaurant, le soir, il croise un journaliste qui lui dit : *« Bien joué la diversion, c'est drôle. Et sinon, qui va prendre Maradona ? »* Il retourne à sa table et sa femme lui demande si ce qu'il dit est vrai. Même sa femme a un doute ! Cette année-là, le champion en titre, Naples, sera battu deux fois : 4-1 puis 3-2. Milan est champion. Derrière ce bout d'histoire du football italien, il y a une idée simple : pour avancer, il faut du courage. Plus que Sacchi, c'est son président Berlusconi qui en a eu. Donner le pouvoir à un inconnu et le soutenir alors que les joueurs n'ont pas tout de suite adhéré à ses méthodes, il fallait le faire.

Chaque pays de foot a son petit raccourci culturel. Les Pays-Bas et l'initiative individuelle, la prise de risque, l'arrogance. L'Angleterre et le combat, les duels. L'Allemagne et la discipline, la rigueur, la dimension physique, le mental. Ça tient surtout du cliché, mais ça forge une identité.

Et la France dans tout ça ? *« Le Brésil de l'Europe »*, voilà ce dont on peut se souvenir. Les années 80, Hidalgo et Platini. Une parenthèse enchantée. Un style jamais vu, jamais revu. Sinon, on a toujours copié. On a réagi en fonction des défaites. En 1998, les champions du monde étaient fortement influencés par les Italiens. Au sortir du quart de finale France-Italie, Demetrio Albertini, milieu de terrain des *Azzurri*, avait lâché : *« Nous avons créé un monstre. »*

Un monstre efficace, mais pas beau. C'est rarement beau, un monstre.

Deschamps a apprécié le compliment et s'est constamment appliqué à reproduire le même modèle tout au long de sa carrière de coach, jusqu'à l'aboutissement ultime vingt ans plus tard. Champion du monde comme joueur puis comme entraîneur, avec les mêmes idées.

Après 1998, on a dupliqué à l'infini, et usé jusqu'à la corde, le modèle des Bleus de Jacquet. On a, en quelque sorte, tenté de concrétiser le slogan « Black Blanc Beur ». Une réflexion grossière et stupide pour tenter de répondre à une question : comment associer les trois ? Comment ? Eh bien en faisant la chose la plus absurde qui soit. On a ethnicisé le foot. Le rebeu (Zidane) est le joueur qui manie le ballon. Le noir (Thuram, Desailly) est celui qui protège, le costaud. Et enfin le blanc (Deschamps) est celui qui dirige, la tête pensante, le capitaine. J'exagère ? Non.

Combien de nouveaux Zidane nous a-t-on vendus ? De Meghni à Nasri, chaque footeux maghrébin évoluant au milieu de terrain et disposant d'une bonne technique a été comparé et assimilé à Zidane. Cette mascarade grotesque a duré plus de dix ans.

Le mot qui va prédominer est : « solide ». La phrase d'Aimé Jacquet à Robert Pirès, *« Muscle ton jeu »*, qu'on entend dans le documentaire *Les Yeux dans les Bleus*, va devenir une maxime de vie. Sa traduction ? *« T'es bien gentil avec ta petite technique, mais là il s'agit de rentrer dans le lard ! »* Le joueur petit et technique va doucement disparaître de notre foot.

Pendant plus de dix ans, la politique fédérale va ordonner et mettre en place un football défensif et d'abord « costaud ». Il n'y a pas de voix discordante. Il n'y a pas d'autres idées. Le coach « fantaisiste » n'obtiendra pas son diplôme, ou alors au cirque. Le joueur créatif sera recalé.

On favorise les grands costauds pour le résultat. Le petit, ça demande du travail et une réflexion tactique.

Être costaud, solide, bien en place, ne pas prendre de but, gagner les duels : autant d'expressions devenues des leitmotivs dans la bouche des entraîneurs et des joueurs, avant et après les matches. Mais ces éléments de langage doivent forcément être rabâchés à l'entraînement. On les a tellement entendus que ça doit relever du bourrage de crâne. Une lobotomisation footballistique. Mais si on est bien en place de façon aussi systématique et que l'autre fait la même chose, on marque comment ? On se fait chier, non ? L'ennui est donc devenu la règle. Et nous aussi, au stade ou devant la télé, on est restés bien en place, figés devant un football aussi peu créatif.

Seuls comptent le physique et la puissance. Un joueur technique dans une équipe, c'est largement suffisant. Trois joueurs offensifs maximum. Comme Jacquet en 1998 ! Toute la formation des joueurs et des entraîneurs va être massacrée. Ne pas prendre de but. C'est l'idée première. On vise le réalisme. Je n'ai jamais vraiment compris ce que ça signifiait, le « réalisme ». Ce que je sais, en revanche, c'est qu'on a frisé le surréalisme dans le béton et la formation.

Le DTN construit la politique de formation fédérale. On détermine dans un bureau que le foot doit se jouer en 4-3-3 avec un bloc bas, la possession ou non, le pressing ou non. Ça fait rêver.

Le CTR, le conseiller technique régional, va ensuite relayer la bonne parole, recruter et former les joueurs en fonction du programme mis en place à Paris. On note ici, avec une pointe d'ironie, le degré d'initiative de notre foot. La liberté laissée aux acteurs de penser autrement. C'est affligeant ! Le CTR veut des entraîneurs et des formateurs qui appliquent la politique fédérale. On n'a pas le temps de débattre, de discuter d'une autre manière de faire. Consanguinité et corporatisme sont nos valeurs sûres ! La domination du résultat, la pression inhérente à sa recherche dans toutes les catégories d'âge ont flingué notre formation. On a oublié le plaisir, l'intelligence, le geste.

Dans les années 70, on a mangé du physique pour répondre aux Allemands. On a ensuite beaucoup regardé les Italiens, et enfin on a aimé et on aime toujours les Espagnols. Encore que, comme ils n'ont pas eu de bons résultats en 2014, 2016 et 2018 et que nous, on a été champions du monde en 2018, il paraît qu'on n'a donc plus grand-chose à envier à l'Espagne. Et le niveau de la Liga ? Les clubs ? Le jeu ? On s'en fout, c'est ça ? On ne regarde pas ?

C'est le résultat qui sert de guide. Et donc notre boussole, c'est notre plus grande victoire : 1998.

Raymond Domenech a longtemps été celui qui a porté les idées du foot français. J'ai évidemment connu des personnes qui ont suivi son enseignement. Pas forcément fermé a priori, il adore débattre. Le souci, c'est qu'il aime discuter, mais qu'au final, on doit faire comme il dit. Son modèle est Mourinho. Pour la com', pas pour le jeu, un accessoire. Il aime le conflit et l'alimenter par l'ironie, le sourire en coin. Finalement, il aime la confrontation plus que le débat. Le plus catastrophique sélectionneur des Bleus de l'histoire a dirigé les Espoirs de 1993 à 2004. Onze ans de résultats horribles, mais la protection du foot français.

Longtemps, il a donc aussi été l'« examinateur ». Rien dans sa carrière ne devait l'autoriser à autant de responsabilités. Mais habile politicien et sachant avec qui il fallait manger, il a toujours su garder son poste. Le Graët l'a protégé, surprotégé même ! Il a fini par diriger les Bleus. Parvenir jusqu'en finale du Mondial 2006 a été vu comme une performance à mettre à son crédit. Foutue dictature du résultat, qui fait tout avaler. On sait tous qu'il n'a rien fait et que les joueurs ont pris les choses en main rapidement. J'ai fréquenté assez de joueurs de cette équipe-là pour savoir comment ça s'est passé. C'est finalement la blague publiée dans le journal italien *La Gazzetta dello Sport* le jour de la finale qui illustre le mieux son inutilité : *« C'est la veille de la finale que le sélectionneur italien Marcelo Lippi donnera la composition de l'équipe au groupe. En revanche, pour la France, les joueurs ont décidé qu'ils donneraient la liste à Domenech le matin du match. »*

***

De passage dans l'*After*, Habib Bellaïd, formé à Clairefontaine puis à Strasbourg, nous a parlé de la formation à la française. Avec un brin d'ironie, il lâche ce soir-là : *« Franchement, vous n'allez pas me croire, mais chez les jeunes, j'étais un joueur technique. C'est après que tout est parti de travers, la formation m'a déformé ! »*

Après l'échec de l'Euro 2008 puis la catastrophe de 2010, le foot français semble vouloir ouvrir les yeux. François Blaquart à la DTN et Laurent Blanc le sélectionneur veulent changer d'orientation. Le modèle, c'est l'Espagne. Et Blanc cite clairement dans une interview les exemples de joueurs comme Iniesta et Xavi. Ils sont petits, vifs, techniques et intelligents. Ils sont ce qu'on doit chercher. Sans le savoir, le foot français couve une crise qui va le déborder. La crise dite des « quotas » ! Un bordel sans nom.

Changer le profil du joueur français a très vite débordé sur l'idée qu'il fallait peut-être changer la « couleur » du joueur français.

Il y a deux aspects dans le dossier. Le premier concerne les binationaux. Les joueurs qui peuvent d'abord évoluer avec les jeunes Français puis opter pour leur pays d'origine. La FFF s'interroge sur cette possibilité offerte par la FIFA. Après la catastrophe du Mondial 2010, l'image des Bleus est en miettes et on se pose la question de l'attachement aux couleurs. Le contexte politique de l'époque, les questions d'identité soulevées par le gouvernement Sarkozy ont certainement conduit à ces réflexions. En 2011, plusieurs semaines avant que l'affaire n'éclate, Blanc était allé voir l'oubliée ministre des Sports de l'époque, Chantal Jouanno. Blanc sort un classeur avec des photos de toutes les sélections d'Île-de-France. Il fait remarquer à la ministre le nombre de noirs sur les photos. Il explique qu'à terme, ce sera un souci. Il parle du problème de la binationalité. Jouanno sourit, dit qu'elle comprend, sourit encore, mais ça ne va pas plus loin. Mais évidemment, quand l'affaire éclatera, elle fera l'étonnée, surprise et scandalisée. Un discours sur les « valeurs » a dû être prononcé, mais je ne me souviens pas bien. « Valeurs », c'est un mot-clé du sport, et du foot en particulier.

Mais cet aspect de la crise n'est finalement pas le plus important. C'est l'autre volet de l'affaire qui est, selon moi, déterminant.

Il ressort de l'enregistrement volé par Mohamed Belkacemi que parmi les propos polémiques de Laurent Blanc, il y aurait eu des mots dignes des pires présupposés racialistes. Notamment quand on parle du « stéréotype » de joueurs physiques plutôt que techniques qui constitueraient la majorité du réservoir français. La phrase donne en substance ceci : *« Et qu'est-ce qu'il y a comme grands, costauds, puissants ? Des Blacks. C'est comme ça. C'est un fait actuel. Dieu sait que dans les centres de formation et les écoles de football, il y en a beaucoup. »* Et Laurent Blanc d'ajouter : *« Les Espagnols, ils disent : "Nous, on n'a pas de problème. Des Blacks, on n'en a pas." »*

Si on va plus loin, ça signifie : on ne veut plus du grand noir costaud, pensons maintenant à trouver des Xavi et des Iniesta, donc des petits blancs habiles.

Le dossier est très lourd. Accablant pour notre foot, bien plus que pour le duo Blanc/Blaquart arrivé au bout de cette chaîne de bêtise. J'ai raconté plusieurs fois et notamment dans deux livres ce qui se cachait derrière cette affaire. C'est la rencontre entre l'opportunité et la connerie. Il n'y a pas de statistiques ethniques en France, mais on dispose tout de même d'éléments de réflexion. Président de la Ligue de Paris, Jamel Sandjak m'expliqua un jour que très bientôt, la grande majorité des joueurs de L1 viendraient de la région parisienne. Il ajouta même : *« Et dans cette majorité, la plupart viendront de chez moi, du 93. »*

Il suffit de regarder les lieux de naissance et les clubs de provenance pour confirmer la prédiction de

Sandjak. C'est somme toute logique. Il y a plus de 10 millions d'habitants en Île-de-France. Au final, si on cumule la région parisienne, la banlieue de Lyon et celle de Marseille, on a l'essentiel des joueurs français.

L'ethnicisation du joueur français s'est d'abord faite dans la tête des recruteurs et des formateurs. On a donc casé les gens selon un processus simpliste. On veut de la puissance, du muscle, alors on valorise le « grand noir costaud ». Ce n'est pas une exagération, une vue de l'esprit. C'est exactement ce qui a longtemps constitué le socle de notre système de recrutement. De là découle le raccourci mental que ce joueur est moins fort techniquement. Chaque fois que je critique un joueur pour son manque de technique, que je parle de lui comme d'un bourrin et que ce joueur est noir, je suis traité de raciste. Ça dure depuis plus de dix ans. Mais à travers le joueur en question, c'est notre système de formation que j'attaque. Les Ivoiriens passés dans les mains de Jean-Marc Guillou à Abidjan étaient tous intelligents et bons techniciens. Yaya Touré en est l'illustration parfaite. On doit vraiment se justifier et expliquer que le joueur noir peut être fin et habile ballon aux pieds ? On en est à ce degré de bêtise et d'incompréhension ?

Dans mon livre *Racaille Football Club,* je raconte l'histoire de ce formateur qui, à Clairefontaine, organisait des tests en faisant disputer des matches « noirs contre blancs ».

L'affaire des quotas, c'est la mise en lumière et la condamnation d'un système de formation délirant.

L'affaire a été exploitée politiquement, notamment par Mediapart qui a pu ainsi conclure que le foot français était raciste. Mais le plus beau coup a été réussi par Noël Le Graët, qui a pu gagner l'élection à la FFF en faisant passer le pauvre Fernand Duchaussoy pour responsable de ce bordel. Dix ans plus tard, on se demande encore pourquoi l'enregistrement qui est à la base de « l'affaire » n'est sorti que six mois plus tard. Pourquoi tout a semblé se dessiner dans un timing parfait pour que Le Graët puisse en profiter ?

Dix ans plus tard, il reste quoi de l'affaire ? Rien. On s'est agité dans tous les sens. On a fait des débats pour savoir si le foot français était raciste. Mais rien n'a changé. On recrute et on forme de la même façon.

L'extraction sociale de « notre » joueur est un élément clef. Mais là encore, par hypocrisie, on a du mal à appeler un chat un chat. Le joueur français, celui qui évolue dans notre L1, vient majoritairement de banlieue. Quand on fait ce constat, déjà on semble être sur un fil, prêt à basculer du côté obscur. Pourtant, si on analyse cet état de fait avec lucidité, on ne franchit aucune « ligne rouge » quand on dit que la France est un pays avec une « population foot » spécifique ! Partant de là, on doit donc, mais on ne le fait pas assez, travailler sur la façon dont le message passe. Le rapport aux joueurs, c'est l'élément numéro 1. Et on ne pense pas en termes de sociologie et de psychologie. L'entraîneur n'est pas formé à ça. Concrètement, ça veut dire quoi ? Le joueur de foot vient d'un milieu social très souvent défavorisé. Le foot, c'est une chance de prendre l'ascenseur social. Non seulement il va avoir la dalle pour y arriver, mais autour de lui, un entourage large va presser et pousser pour que ça aille vite. L'argent va alors devenir un moteur essentiel. Rémi Garde, quand il entraînait l'OL, m'avait dit un jour : *« Pour beaucoup de familles, le jeune joueur devient le chef de famille, celui qui va faire chauffer la marmite. »*

On a coutume de dire, et je l'ai fait souvent moi aussi, que le joueur français présente fréquemment ce qu'on pourrait appeler dans d'autres secteurs de la société un « profil à problèmes ». Mais face à une telle situation, ne faut-il pas surtout s'adapter ? La question qui doit se poser est : est-ce que c'est un problème ? Est-ce que ce joueur est un problème, ou est-ce que c'est juste un jeune avec une forte personnalité ? N'est-il pas le fruit d'une société ? Mais ces jeunes ont-ils face à eux des gens qui les comprennent ? Des gens assez bien formés pour faire face ? Loin de moi l'idée de vouloir jouer l'assistante sociale, mais les choses doivent être claires. Soit nos clubs sont capables de faire preuve d'une autorité légitime, et dans ce cas, le joueur entre dans un cadre précis, avec des règles efficaces ; soit ils ne le sont pas, et alors on s'adapte. Arrêtons-nous sur l'idée d'autorité. Concept culturellement dépassé dans notre pays, en voie de disparition au sein de l'école républicaine, comment trouverait-il place au sein d'un club de foot qui de surcroît pense surtout à « dealer » ses joueurs plutôt qu'à élaborer une politique sportive cohérente ? Combien d'interviews a-t-on pu lire de joueurs partant à l'étranger et s'enthousiasmant de la rigueur, de la discipline qu'ils trouvent dans leur nouveau club ? Le joueur français n'est pas réfractaire par nature. C'est ce que j'expliquais dans *Racaille Football Club*. La mentalité que j'appelle « racaille » s'installe principalement parce que le terrain est dégagé. C'est face à la lâcheté, au manque de courage et aux intérêts économiques que s'installent les travers de notre foot. Beaucoup n'ont pas compris cette réflexion. Quand on parle d'autorité et de manque de courage, il est plus aisé de vite ranger l'interlocuteur dans la catégorie « facho ». Ça évite de discuter, et surtout ça permet de ne pas se regarder dans une glace.

Le club et l'entraîneur se retrouvent souvent en situation d'échec avant même d'avoir commencé. Le joueur a-t-il été cadré durant sa formation ?

Un coach lyonnais m'expliqua un jour qu'il aurait du mal à corriger ce que l'école n'a pas enseigné et que le centre de formation n'a pas pu rectifier, sachant que dans son ensemble notre société a du mal avec l'idée d'autorité. La République des joueurs a alors vite fait de s'installer. J'ai reproché beaucoup de choses sportivement à Ibrahimovic, mais pas son approche du travail, de la préparation et de la rigueur. Au PSG, on se souvient qu'il passait beaucoup de temps à tancer les jeunes joueurs issus de la formation parisienne et leur mentalité déplorable.

Comment diriger les joueurs sans connaître leur environnement ? La solution ne passe certainement pas par le communautarisme et l'idée que le mec de banlieue doit diriger une équipe avec des mecs de banlieue. Mais on ne peut pas ignorer l'origine du joueur, sa mentalité. On va vraiment le faire entrer dans un moule en niant ses spécificités culturelles et sociales ? A fortiori dans un contexte où le foot est mû principalement par la recherche de la performance rapide et du résultat. Notre modèle économique encourage la signature du premier contrat pro de plus en plus tôt ; on n'a plus le temps de travailler sur la « tête » du joueur. Un formateur, un entraîneur, s'il n'est pas bien formé, est vite dépassé par les aspects culturels, sociologiques et même parfois religieux. Quel problème y a-t-il à faire ce constat ? La question devient alors : qui doit s'adapter ?

***

Si on veut faire progresser notre football et nos joueurs, ce sont nos structures, notre système de formation, qui doivent évoluer. Il y a de plus en plus de joueurs, de plus en plus de concurrence. Le jeune joueur français sait que l'attractivité de la L1 est proche du néant. Faut-il l'accabler de vouloir aller jouer ailleurs au lieu de dépérir dans un championnat terne où le jeu est si pauvre ?

Prenons un exemple : Épinal-Lille, huitième de finale de Coupe de France 2020. Épinal, équipe de National 2, va éliminer le LOSC (2-1). Le petit qui bat le gros, c'est banal en Coupe de France. Mais ce qui est extraordinaire, c'est que les Vosgiens vont construire leur victoire en ayant eu la possession de balle pendant une bonne partie du match ! C'est absolument incroyable, impensable, dément ! Qu'une équipe de N2 domine une équipe de L1 dans le jeu, c'est anormal. L'exploit est acceptable, la défaite logique ne l'est pas. Sinon, qu'est-ce qui justifie l'écart de divisions ?

Agacé, le coach du LOSC, Christophe Galtier, évoque un problème d'exigence. Ses joueurs ont-ils tout fait pour remporter un obscur match de Coupe de France ? C'est le souci majeur de nos équipes, aujourd'hui. Les joueurs savent que dans nos clubs, le projet numéro 1, c'est de vendre l'actif. Lille a joué la Ligue des Champions cette année. La compétition reine et le championnat, ça suffit pour se montrer et valoriser le « capital joueurs ». Les joueurs ne sont pas bêtes, ils ont conscience de représenter d'abord une valeur marchande. La mission est-elle accomplie si la vente est bonne, ou si on bat Épinal dans une compétition mineure ? On l'aura compris, la défaite face à Épinal devient anecdotique.

Le match OM-Strasbourg du même tour de Coupe de France met en lumière un autre des soucis de notre foot. Marseille gagne face à une équipe privée de ses deux meilleurs joueurs. Aucun des deux n'était blessé. C'était juste un choix de coach. C'est la mentalité CGT. La mentalité L1. On ne met pas l'équipe la plus forte parce que ça peut fatiguer les joueurs en vue du match suivant. Jouer tous les trois jours est impossible. C'est ancré dans les têtes : si on aligne notre meilleure équipe en semaine, on va « le payer » le week-end. Envisager une bonne performance deux fois de suite ? Mission impossible. Au-dessus de nos forces.

Et il n'y avait d'ailleurs aucun regret de la part de l'entraîneur alsacien Thierry Laurey après le match : *« On vient à Marseille, donc on n'est pas favori. On est le petit et donc on n'attend rien de nous. Je ne mets pas ma meilleure équipe sinon je peux en souffrir au prochain match de championnat.* » Donc je perds et tout va bien… C'est simple, clair et net. Il ne faut pas attendre de performance hors des clous, et encore moins de surperformance. Le pain quotidien, c'est le championnat. La ligne comptable est là, pas dans le bout de gras que peut représenter la Coupe de France.

Il y a une hypocrisie générale en Ligue 1. Il ne faut pas se tromper, la soupe est bonne et les salaires très confortables. Chacun défend son petit lopin de terre. Qui veut réellement progresser ? Qui veut vraiment que la L1 avance ? Est-ce que tout le monde ne s'accommode pas de notre médiocrité ? Après tout, personne ne l'admet.

La présentation du projet Mediapro a donné lieu à une grande conférence de presse. Les présidents de L1 étaient présents pour rencontrer ceux qui allaient parler d'eux. Le nouveau diffuseur a rassuré tout le monde. La ligne éditoriale est claire. Mediapro est là pour mettre en valeur le produit. Les héritiers d'Alexandre Ruiz et de son « écriture positive de la L1 ». Les présidents sont repartis satisfaits. Tout le monde sera beau, tout le monde sera formidable. Mais alors dans ce cas, on retire la carte de presse aux employés de la chaîne, non ?

C'est Jean-Michel Roussier qui va diriger cette chaîne. Difficile de rencontrer un dirigeant moins compétent. À Marseille, on l'a vite oublié. Comme à Nancy d'ailleurs. Il a créé les chaînes Onzeo et CFoot. Là encore, qui s'en souvient ? À l'époque de CFoot, il m'avait reçu. Il disait penser à moi pour une émission. Les pieds sur la table, plein de suffisance, il me demanda comment je voyais l'émission. Merci, au revoir. J'ai appris plus tard qu'il avait dit : *« Riolo a voulu m'apprendre mon métier. »* Le tout suivi d'un rire gras. Le mec me demande mon avis, mais ne veut pas l'entendre ?

La plupart de nos dirigeants n'ont en fait rien à cirer de la qualité du produit. Qui est vraiment passionné par le foot, le jeu ? Ils veulent qu'on dise que c'est bien, pas que ce soit vrai ! Tant que l'abonné paye, tout va bien. Un jour, il ne payera plus. Peu importe, ils se seront gavés en route.

Se gaver, ça n'empêche pas de chouiner sans arrêt. On prend l'argent et on se plaint. La pelouse est pourrie, c'est la faute au soleil, aux champignons, au manque de soleil, au jardinier de la mairie. On ne peut pas jouer tous les trois jours, sinon on se fatigue. L'effectif est trop juste pour tout jouer à fond. On les rassure, ils ne jouent rien à fond ! On se satisfait du minimum. On fait son travail de façon étriquée. Et on remet le nez dans la soupe. Et parce qu'elle est bonne, nos dirigeants n'ont pas intérêt à changer. Au fond, leur vanité est plus forte que leur misère.

***

On croit vraiment que le jeune joueur ne sait pas tout ça ? On imagine qu'il ne voit pas cette situation déplorable ? Il n'a pas la télé ? Il ne voit pas comment ça se passe ailleurs ? On doit réellement s'étonner quand il dit qu'il veut partir ? Comment ne pas le comprendre quand Deschamps, champion du monde et capitaine d'une équipe de mecs évoluant à l'étranger, est à nouveau champion du monde comme coach vingt ans plus tard avec des Bleus évoluant encore à l'étranger ? Et quand entre-temps, devenu champion de France à la tête de l'OM en 2010, il parle dans une interview du faible niveau de la L1 et conseille aux joueurs de partir ? Et quand enfin, à la tête des Bleus, il ne se cache même pas de préférer prendre un remplaçant à l'étranger plutôt qu'un titulaire en L1, quel est le message qu'on doit recevoir ?

***

La France est la Chine du foot. On produit du joueur en grande quantité. Du joueur standard, interchangeable, qui va étoffer les effectifs partout en Europe. Le joueur qui n'est pas trop idiot cherchera à partir le plus vite possible, il fera sa post-formation ailleurs. J'ai le droit de penser que Pogba et Varane ont bien fait de partir sans avoir fréquenté la L1 ? Partir avant 20 ans pour que le cerveau puisse évoluer, qu'il ne soit pas gangrené par la paresse, l'étroitesse d'esprit, la mesquinerie…

En France, on garde le deuxième choix, celui qu'on n'a pas réussi à vendre. Dans cette énorme quantité, de temps en temps, un joueur sort du lot. Kylian Mbappé est une exception. Un joueur à part. Son extraction sociale et son parcours lui ont conféré une mentalité différente. Pourtant, même s'il est au PSG et que son salaire est digne des plus grands clubs européens, est-il envisageable qu'à un moment, il ne veuille pas partir ? Partout en Europe, les sirènes l'appellent. Il ne peut pas se satisfaire de la Ligue 1.

On continue de faire comme si ça n'était pas vrai. Mais aujourd'hui, on ne peut plus prétendre que si le jeune joueur veut partir, c'est parce qu'il n'est attiré QUE par l'argent ou parce qu'il n'a QUE une sale mentalité. C'est terminé. C'est notre système, notre modèle qui a fabriqué ça.

À la fin de la saison 2019-2020, le nombre de cas de jeunes joueurs refusant de signer leur premier contrat pro dans leur club formateur a augmenté. Des cas symboliques, parce que liés au PSG et à l'OL. En ne signant pas, ils évitent le transfert. Ils sont gratuits et peuvent espérer toucher une grosse prime à la signature dans le club étranger qui les recrute. On doit les blâmer ? Dire qu'ils ne sont pas reconnaissants envers leur club formateur ? De prime abord, on peut le penser. Mais à la réflexion, on ne peut pas en rester là.

Nos clubs ont engendré ce phénomène. D'abord parce que chaque année, sans scrupule, ils virent beaucoup de jeunes qu'ils ne veulent pas garder.

Ensuite, parce que les joueurs savent que les clubs ne vont pas les inscrire dans un projet sportif collectif, mais se contenter de les prendre pour les valoriser. Les jeunes joueurs sont dorénavant conscients de n'être que des marchandises. Alors si l'entourage ou l'agent sont pressés de toucher leur chèque, il y a de fortes chances pour que le joueur pense à partir très vite. Plus vite qu'avant. La règle pourrait même devenir d'éviter de jouer en L1. La première opportunité à saisir doit être la bonne. Par qui et par quoi pourrait-il être retenu ?

Le jeune joueur ne se fait plus d'illusions sur sa rencontre avec un entraîneur qui va lui apprendre quelque chose. Un coach avec lequel il pourrait s'épanouir, vivre une belle aventure. On entend souvent des joueurs raconter que tel ou tel coach a changé sa vie, son approche du métier. Un entraîneur français en est-il capable ? Je ne vois pas. Tout le monde a adoré l'Ajax Amsterdam lors de sa campagne européenne 2018-19. Les joueurs savaient que la plupart d'entre eux allaient partir. Tout est programmé. Mais en attendant, la bande de jeunes s'est offert de grands moments. De grands souvenirs de jeu, de plaisir. La façon dont ils sont formés comme le jeu que propose l'Ajax visent l'épanouissement des jeunes joueurs. Et ça n'empêchera pas les ventes et le business ! Aucun de nos présidents ne semble en capacité de comprendre l'aspect « jeu ».

Notre modèle économique est un piège qui s'est refermé sur nous. Le jeu, le plaisir auraient pu offrir un délai supplémentaire, un sursis. Mais tout le monde sait qu'on ne rivalise pas dans ce secteur avec les concurrents européens. Chaque interview d'un joueur parti et évoluant à l'étranger est un coup de poignard dans le dos de notre L1. Tous disent s'amuser et vivre de belles aventures ailleurs. Naïvement, certains croient encore que les jeunes joueurs doivent rester et s'aguerrir. Mais en faisant quoi ? En allant dans un club de L2 pour progresser ? Dans un club moyen de L1 ? Sur le banc du PSG ? Le meilleur joueur de l'OL ne peut espérer que le banc du PSG. Honnêtement, l'agent de joueur, l'ami, le frère ou père du joueur qui lui donne ce conseil-là, c'est qu'il ne lui souhaite pas du bien. D'ailleurs, plus personne ne donne ce conseil.

On garde donc les joueurs moyens. La tendance est même à faire signer des jeunes de plus en plus vite pour éviter les départs. Peu importe la qualité, on ne sait pas encore, mais on verrouille. Au cas où. On fait signer n'importe qui. Le label qualité n'existe plus. On ne contrôle plus rien. Face aux joueurs, les clubs sont de plus en plus faibles. Des accords louches sont passés entre certains mecs de la formation et les entourages des joueurs. Si le gamin signe, tout le monde croque un bout du gâteau. Le racket a fait son apparition. On en parle encore peu, mais certains « entourages » se chargent de ne pas faire oublier aux joueurs d'où ils viennent !

Le racket, c'est le mal « à la mode », ou qui pourrait le devenir. J'entends de plus en plus d'histoires. Tout le monde veut être l'agent du nouveau roi. Agent sportif, d'image, de tout et de rien. L'important, c'est d'être de la famille. Peu importe ce que l'on sait réellement faire.

Le gentil petit N'Golo Kanté, chouchou des Français durant la Coupe du monde 2018, joue en Angleterre depuis 2015. Autour de lui, des « agents » se disputent des parts de gâteau. Tout le contraire d'un caïd, Kanté est victime de ces luttes d'influence. On pourrait juste lui reprocher de s'être mal entouré à un moment de sa carrière. Un mauvais choix de personnes qu'il est très difficile de corriger ensuite.

Parfois, on ne choisit pas. L'entourage est là. Les amis d'enfance, du quartier. On achète la paix et on « distribue ». Ce n'est pas du racket à proprement parler. C'est plus subtil, sournois. On donne avant d'être mis sous pression. On anticipe. Ce genre de pression existe dans le rap et vu la porosité des deux mondes, il était illusoire de penser que le foot pouvait y échapper. Un organisateur de soirées parisiennes accueillant beaucoup de footeux m'a raconté que le phénomène « pression racket » devenait de plus en plus fréquent. Le mode d'approche est simple.

On propose une espèce de service de sécurité. *« Donne pour ta sécurité. »* Sauf que personne ne protège contre celui qui propose cette sécurité. Le sujet est brûlant et personne ne veut en parler. Quand j'ai demandé au type qui m'a raconté ça pourquoi les joueurs ne portaient pas plainte, il m'a répondu en souriant : *« Un joueur comme Cabaye porte plainte, mais un mec de cité, non ! »*

Partir vite peut être une solution, une forme d'émancipation. On s'éloigne de la merde.

À force de vendre, on produit plus, et moins bien. Et même si on veut nous faire croire le contraire, la qualité ne cesse de baisser. Nos centres de formation sont des ateliers d'où sortent nos produits standardisés. Le PSG a opté pour une politique réaliste qui ressemble à la fin d'une hypocrisie. Après avoir promu l'idée qu'il fallait trouver (puis former) en région parisienne le prochain Messi, on est revenu à des ambitions plus simples. On tente de prendre les meilleurs de la région, on forme et on vend, comme tout le monde. Et si l'un d'eux est capable de jouer au milieu de nos stars, on le garde. Ceux qu'on ne prend pas au centre de formation iront ailleurs en France.

La bataille pour devenir un produit rentable fait rage. Dès les U12, la pression est forte. On prend des coaches privés pour progresser plus vite. Les agents rôdent autour des terrains, les parents vendent leurs enfants. Ça hurle lors des matches, ça peut se battre aussi. L'entraîneur des jeunes est sous stress permanent. Certains clubs ont décidé que leurs formateurs ne devaient plus parler aux parents. Le rapport est tendu. On exige que l'enfant joue. On demande des comptes. On met la pression. Si ça ne va pas, on essaye de changer de club. Et pour celui qui réussit, la famille peut s'élargir d'un coup. Des cousins apparaissent. Il paraît que c'est bien de ne pas oublier d'où on vient.

***

Les supposés phénomènes et les talents de notre foot sont partout. Vendus aux quatre coins de l'Europe. La France est le deuxième pays exportateur de joueurs. Ou le premier. Ça dépend des années. Le vivier, c'est le Bassin parisien, la pépinière de notre foot. Tout notre foot vit dessus.

Pour vanter les mérites de la formation française, on met souvent en avant le titre de champions du monde 2018. L'équipe titulaire était composée de : Lloris, Pavard, Umtiti, Varane, Hernandez, Kanté, Pogba, Mbappé, Matuidi, Griezmann et Giroud.

Sur onze joueurs, trois seulement sont réellement issus des centres de formation français : Lloris, Umtiti et Mbappé. Certains ont connu des parcours dits atypiques : Giroud, Kanté. Matuidi, à la base un joueur moyen, a bénéficié de son passage au PSG pour atteindre un niveau que personne ne prévoyait.

Varane et Pogba sont partis très jeunes pour finir leur formation à l'étranger. Pavard à l'écart à Lille est parti « plus tard », à 20 ans ! Enfin, Hernandez et Griezmann sont des footballeurs espagnols.

Nos centres de formation peuvent donc se vanter d'avoir donné aux Bleus Lloris le Niçois et Umtiti le Lyonnais. Le cas Mbappé est la grande exception. Le seul capable de devenir une star internationale. Issu d'une famille de sportifs de haut niveau, scolarisé dans un établissement privé catholique et considéré comme surdoué, il est loin d'avoir un parcours similaire à la grande majorité des jeunes fréquentant nos centres de formation.

En résumé, le conseil à donner à un joueur français qui veut parvenir au très haut niveau, c'est *« Pars vite »*. Avant 20 ans. Fréquente le moins possible la formation française et les entraîneurs français. Le professionnalisme n'est pas enseigné chez nous !

La région parisienne, c'est un grand domaine avec plein d'orangers. Les fruits sont là, bons ou pas, on ne sait pas. À l'œil, on devine le potentiel. Mais ce qui est sûr, c'est que le bon jus ne sera extrait qu'ailleurs.

Les explications sur la faiblesse de notre formation sont données régulièrement par nos joueurs. Dès qu'ils passent la frontière, les propos sont toujours les mêmes et tournent autour du manque de professionnalisme et du travail mal fait ou pas assez fait.

Le dernier en date à avoir parlé, c'est Ferland Mendy. Il évolue au Real Madrid depuis l'été 2019, après avoir joué deux ans à Lyon. Arrivé pour cinq millions, il est revendu pour dix fois plus. Tout le monde est content. Lui aussi a eu un parcours un peu cabossé, puisqu'il a évité la formation française classique. Son potentiel a rapidement été décelé. Seul un manque de sérieux (hygiène de vie, sorties nocturnes) que tout le monde avait noté à Lyon aurait pu le freiner. Mais en signant au Real, la route est devenue plus droite. Au début de l'année 2020, sur le site du Real Madrid, il expliquait au sujet de la différence entre la France et son nouveau pays : *« La différence, c'est que le niveau de jeu est plus élevé. Quand on s'entraîne, on y va pour travailler, arriver le plus tôt possible à son meilleur niveau et le démontrer à chaque match. Il faut prouver sa valeur. Le jeu avec ballon va plus vite. Il y a plus de déplacements, de courses. On peut perdre contre une équipe mal classée, mais qui joue comme si elle était dans la première partie de la Ligue 1 ! »*

Le propos est fort. Violent. Classique aussi. On a lu et entendu ça mille fois. Ça a été relevé rapidement, puis écarté, car finalement banal. On le sait, c'est entendu. On ne fera rien pour changer ça. Le but n'est pas de changer quoi que ce soit, mais de vendre des joueurs. On a la matière première, le reste on s'en fout !

L'argent. La France et l'argent. Il n'y a pas de raison que la polémique ne touche pas le foot. Quel est le problème ? La jalousie, l'envie, la haine de celui qui « a ». La gangrène égalitariste. Il paraît que c'est une légende française. Comment prouver ce mal qui tient pour certains du cliché ? Impossible. Ceux qui essayent sont rembarrés par l'intelligentsia. Celle du camp du bien. L'argent, c'est toujours sale, surtout quand c'est l'autre qui l'a.

Le PSG est rejeté par l'ensemble des « autres » supporters français. Les arguments tournent autour du Qatar, du fric roi et de Paris, ville capitale concentrant tout et surtout le rejet classique d'un pays à l'histoire jacobine.

Mon but n'est pas, en retour, de dire que tout le monde doit prêter allégeance et s'agenouiller devant le PSG. Évidemment non. J'aimerais juste qu'on prenne conscience de deux ou trois éléments objectifs.

Le PSG repris par le Qatar devait changer le foot français, l'améliorer, élever le niveau, susciter une concurrence, une émulation. Près de dix ans plus tard, rien de tout cela ne s'est passé. C'est pire. C'est indéniable. Le niveau s'est affaissé. Mais est-ce la faute du PSG si l'incompétence est le maître-mot de notre foot ? Comme prévu, les droits télé ont augmenté. Deux fois. La première fois quand BeIn Sports s'est invité dans le paysage médiatique français, et la deuxième quand Mediapro a lâché le milliard. On a le droit d'envisager, de croire que Mediapro a payé cher pour diffuser le PSG ? C'est une infamie d'imaginer que sans le PSG, jamais Mediapro n'aurait mis une telle somme ? Est-ce que le dernier appel d'offres aurait été aussi fructueux sans le PSG de Neymar, Mbappé et autres stars de la L1 ? Évidemment non ! Je me demande même si le diffuseur sino-espagnol serait tout simplement venu sans le PSG.

Le modèle économique de nos clubs repose sur la télé et la vente des joueurs. Ça fait des années qu'on se débat, qu'on interroge des économistes et que la DNCG alerte sur le fait qu'il faut faire autrement. Le problème, c'est que personne ne dit comment. Et personne ne sait non plus si on peut faire autrement. Quand on parle économie et sport, on doit se boucher le nez. Le fric, ça pue. Rappelons encore une fois la sortie de la ministre des Sports le 23 avril 2020, en pleine crise sanitaire : *« Le sport n'est pas prioritaire dans les décisions du gouvernement.* » Le poids économique du sport, ce n'est « que » 90 milliards d'euros et quasiment 500 000 emplois. Mais on l'a compris, le foot reflète les mœurs et l'esprit d'une nation. La négation de l'importance économique et sociale du foot place nos clubs dans une sorte de deuxième division européenne. L'arrêt du championnat en avril 2020 n'a fait que confirmer cela. Le foot français a décidé de prendre de longs congés, comme si ça n'était qu'un jeu qu'on arrête d'un coup de sifflet dans une cour d'école. Pas de produit, pas de marché. Fermons les yeux. Nions. Marginalisé, notre foot s'est déclassé. On a pris des vacances sur le dos de l'État. On a même décroché un prêt garanti par l'État. Et ce, sans contrepartie. On a signé un chèque. Mieux vaut que l'État ne mette pas le nez dans les comptes des clubs et dans le modèle économique de notre foot. Un modèle comme une sorte de traite sur l'avenir. Je fais gonfler ma masse salariale sans augmenter ma compétitivité. Mais comme je vends mes joueurs, je récupérerai ma mise. Pourvu que ça dure et que les acheteurs aient toujours de l'argent, sinon tout s'écroule et le prêt avec. Et pour la compétitivité, là désolé, ce n'est plus d'actualité.

On a beaucoup parlé d'un monde nouveau. Un monde détaché de l'économie. Une belle séquence pleine de vanité sur ce foot à réinventer. Les joueurs ont participé à cette mascarade, mais sans pour autant accepter de baisser leurs salaires. Chacun est resté dans son coin. Pourtant, on devait tous se rapprocher et s'aimer dans le nouveau monde. Mais au lieu de ça, on a entretenu la société des communautés. Les présidents pensaient à leur compta. Les supporters à leurs tribunes, à leur ambiance. Le Graët et Deschamps aux intérêts de la FFF. Et les joueurs à leur gueule. Combien ont dit que le foot leur manquait ?

Peut-on oser dire que le foot est un spectacle et que comme tout spectacle, s'il n'y a pas de représentation, il n'y a pas de recettes ?

Les revenus du foot, ce sont donc essentiellement la télé et le « trading ». En chiffres, ça donne quoi ? Droits télé : 36 %. Vente de joueurs : 25 %. Sponsoring et publicité : 16 %. Enfin, billetterie et recettes « jour de match » : 8 %.

Mais si on observe ces chiffres dans le détail, on se rend compte que pour ce qui concerne les recettes liées aux matches, le PSG avale quasiment la moitié du gâteau. L'OM existe péniblement derrière. La suite ? 17 clubs sur 20 à moins de 5 % ! Même constat pour les sponsors et la pub : le PSG capte à lui seul 50 % du total ! L'OL et l'OM sont en dessous de 10 %. Notre modèle se révèle bel et bien une catastrophe : aucune alternative ne semble plausible, et surtout, le PSG tient tout l'édifice.

C'est la valeur de nos clubs qui pose question. Les fondations sont friables. C'est la maison de paille des trois petits cochons. Ça ne repose sur rien, ou presque : deux ou trois équipes suffisamment fortes pour séduire un diffuseur, et un marché extérieur suffisamment riche pour acheter nos joueurs.

Et si la part des recettes liées aux droits télé est aussi prépondérante dans le budget des clubs, on se bat forcément au moment de répartir le pactole.

La clef de répartition, c'est un enjeu qui divise régulièrement les clubs de Ligue 1. Et la bataille oppose souvent les gros aux petits, les riches aux pauvres. Au milieu, les « petits gros » ne savent pas trop où se positionner. On ne sait jamais, s'ils arrivaient à devenir « gros », peut-être seraient-ils acceptés chez les « riches ».

Soyons clair, j'ai toujours défendu l'idée d'une répartition majoritairement « égalitaire » avec des variations acceptables et logiques liées à la notoriété des clubs et au nombre de diffusions. 50 % à parts égales, et le reste on discute.

La négociation individuelle, l'Espagne a essayé. Certains gros clubs y ont songé à une époque en France. Cela signifie que chaque club négocie individuellement ses droits. En Liga, le Real et le Barça accaparaient quasiment 90 % du pactole. Les autres clubs se partageaient les miettes. Ça peut tuer des clubs, vider une compétition de sa substance et créer des écarts qui n'ont plus aucun sens dans un championnat qui ne vaut plus rien.

Après, il suffit de regarder en Angleterre. Si le pays leader en matière de foot business n'a jamais opté pour la négociation individuelle, c'est que le compte n'est pas bon.

La NBA met également en avant des modalités de partage financier permettant à tous les clubs de profiter de l'argent de la télé.

Le sport professionnel ne peut jamais se satisfaire d'une situation de monopole.

Alors comment ça marche ? On prend le gâteau et on coupe trois parts. Il y a d'abord une part fixe, redistribuée de façon égalitaire entre tous les clubs de L1, qui représente 47 % du total. Le critère sportif – le classement – permet ensuite de répartir 28 % du montant. Le reste (25 %) dépend de ce qu'on appelle la notoriété. Je suis populaire, je passe plus souvent à la télé, c'est pour moi qu'on paye, donc j'ai le droit à une prime. Si le PSG et l'OM font les plus grosses audiences et sont les moteurs des abonnements, bref, si on leur doit la taille du gâteau, il est logique qu'ils en soient récompensés, non ? Si on retire le PSG et l'OM du championnat, les droits télé s'écroulent en même temps que les audiences. Quel diffuseur ira mettre ses billets pour diffuser des matches de L1 sans les équipes phares, historiques et populaires ?

Et c'est sur ce dernier critère que les débats sont à chaque fois houleux. Entre 25 % et 30 %, on discute sans arrêt et on a beaucoup oscillé ces dernières années. Les gros clubs veulent un peu plus au prétexte que sans eux, l'argent ne rentre pas. Les petits répliquent que sans eux, c'est le championnat qui n'existe pas.

Si on est dirigeant du PSG, on comprend l'argument. Les stades se remplissent grâce à Paris. Les audiences sont bonnes grâce à Paris.

Que ça ne pousse pas les dirigeants du foot français à dire merci chaque jour au PSG, on le conçoit. Mais que ça provoque chez un tas de supporters complètement stupides des scènes surréalistes de rejet du PSG, de son argent et de ses stars, ça n'a aucun sens. À part celui de l'ignorance. Déjà que notre L1 est très souvent insupportable et ridicule en Coupe d'Europe, imaginons ensemble ce que ce serait sans l'argent du PSG.

Eh oui, n'en déplaise aux supporters qui, un peu partout en France, détestent le riche PSG, sans lui la Ligue 1 serait devenue l'équivalent du championnat bulgare ! À ce titre, la fameuse cinquième place à l'indice UEFA est un leurre auquel on s'accroche. Sur les dix dernières années, seuls le PSG et l'OL maintiennent à flots cette position. Une cinquième place qu'on exhibe fièrement et qui nous a fait inventer, pour notre usage exclusif, le « Big 5 ». Concrètement, il faut savoir qu'au classement UEFA, seul le PSG existe. Très loin derrière, l'OL apporte des points à la France. L'OM et Monaco sont encore plus loin, malgré deux belles campagnes européennes en 2018 et 2017. Des « one-shots » souvent suivis de saisons catastrophiques.

On refuse de l'admettre, mais cette cinquième place est une illusion. Il suffit de regarder les chiffres, les indices UEFA des clubs, des pays. On est devant le Portugal et la Russie grâce aux points du PSG. Sans ça, la France serait derrière. D'ailleurs, les confrontations de nos clubs contre ceux de ces deux pays le confirment : ils sont meilleurs que nous. Même face aux clubs ukrainiens, ça ne passe pas. Le bilan sur les dix dernières années est d'une médiocrité sans nom. Aujourd'hui, la question qui se pose est : on bat qui ?

Pourtant, on continue d'être contents de cette cinquième place.

Sur le dernier critère, celui dit de la « notoriété », on peut toutefois comprendre la réaction des présidents des « petits » clubs. Il y a une dizaine d'années, tout le monde s'était mis d'accord pour en accroître le pourcentage. Les présidents des petits clubs avaient été convaincus, notamment par Vincent Labrune, alors boss de l'OM. L'idée était la suivante : *« Bon ok, nous les gros, on prend une plus grosse part du gâteau parce qu'on joue la Coupe d'Europe. On doit acheter des joueurs pour briller. Nos résultats rejailliront sur vous. On pourra acheter vos joueurs, bref tout le monde pourra croquer. »* Une idée de ruissellement qui tenait la route.

Le problème, c'est que jamais nos clubs n'ont été aussi grotesques que ces vingt dernières années en Coupe d'Europe. L'argent n'a servi à rien. Pire, il a été mal dépensé, gaspillé. Les gros clubs se sont plantés sur le recrutement comme sur le jeu et les résultats ont été affreux. Et puis, nos « gros » clubs changent vite de gueule, chez nous. L'affreuse homogénéité de notre L1 a permis à n'importe qui d'aller se faire humilier en Coupe d'Europe face à des clubs de championnats obscurs.

On n'en voudra donc pas aux « petits » présidents de penser très fort que ça n'a servi à rien de donner plus pour recevoir si peu en retour. Et on a de plus en plus de mal à entendre ces présidents « chouineurs » tenter de nous expliquer que les mauvais résultats européens sont dus à des moyens financiers limités. On a touché le fond, et puis on a continué de creuser. Certains sont même devenus des spécialistes fiscalistes. Quand l'excuse de l'argent est apparue moins probante, on a décalé l'angle d'attaque et inventé un nouveau prétexte : les impôts. C'est un peu plus flou, un peu moins compréhensible. Moins facile à vérifier qu'un chiffre d'affaires. Ça doit donc être à cause des impôts que les clubs français se sont fait taper aux quatre coins de l'Europe.

Quand il était président de la LFP, Frédéric Thiriez vantait sans cesse la formidable homogénéité de notre championnat. Tout le monde peut gagner, c'est formidable n'est-ce pas ? Pendant que Thiriez faisait des phrases, la nullité de nos clubs progressait. Le nivellement vers le bas opérait. La faute à l'argent. L'idée peut tenir quand nos clubs se font éliminer par les cadors du continent. Mais année après année, nos équipes perdent contre des adversaires qui sont tout sauf des ogres. Des équipes aux budgets bien inférieurs.

Le nivellement vers le bas et la mauvaise gestion de ces dirigeants qui, au lieu de penser au fric qu'ils avaient, préféraient lorgner celui qu'ils n'avaient pas, ont permis à de nombreuses équipes de faire un petit tour en Coupe d'Europe. Des équipes pas outillées, pas prêtes, pas structurées pour ce niveau. De 2000 à aujourd'hui, tout le monde ou presque a tenté sa chance. Marseille, Paris, Lyon, Monaco, Bordeaux, Saint-Étienne, c'est logique. On avait déjà vu Lens, Lille, Nice, Sochaux, Strasbourg. Mais on a également vu Nancy, Sedan, Guingamp, Rennes, Troyes. Qu'a donné cette ouverture ? Rien. Pire, très souvent ce fut même honteux pour notre football. La faute à l'argent ? Voyons ça de plus près. On commence avec le début des années 2000. En Ligue des Champions cette année-là, Monaco termine derrière le Sturm Graz, Galatasaray et les Rangers. À l'époque, il y a deux phases de groupes en Ligue des Champions. Les clubs français ne s'en sortent pas. Pire, en 2002-03, aucune équipe ne passe même la première phase. L'année suivante, paradoxe, Monaco parvient en finale en tapant des équipes bien plus riches.

Globalement, l'excuse de l'argent est une foutaise. Nos clubs ont largement les moyens d'éviter de se faire battre par des clubs comme Roda, Liberec, Pribram, le Standard de Liège, Anderlecht, Denizlispor, Boavista, Gaziantepspor, Panionios, Mlada Boleslav, Osasuna Pampelune, le FC Copenhague, Gyor, Metalist Kharkiv, Bilbao, Salzbourg, Limassol, Esbjerg, Astra Giurgiu, Qarabag, Sion, Kazan, Bâle, Qabala, Krasnodar… Liste non exhaustive des redoutables adversaires qui ont éliminé nos représentants français depuis 2000.

Nos présidents de L1 osent tout, vraiment tout. Ça permet de les reconnaître plus facilement.

***

À force d'entendre que le foot business est par essence coupable, nos dirigeants ont peut-être décidé de gérer les clubs à l'envers. Pour expier le péché originel.

Le foot business ? *« Mon dieu, quelle horreur ! »*

Je suis toujours navré de devoir expliquer que le foot business n'est pas une nouveauté. Ça fait un peu vieux con, mais allons-y. Netflix a récemment mis en ligne sur sa plateforme une série pleine d'enseignements : *The English Game*. Pour ceux qui l'ignoraient, ça permet un rappel historique. C'est bien le monde ouvrier qui a inventé le foot business. La question de la rémunération du joueur de foot occupe les esprits des donneurs de leçons depuis la fin du XIXe siècle. Déjà à cette époque, les industriels du nord de l'Angleterre, qui finançaient les équipes, embauchaient des joueurs-ouvriers pour leur talent balle au pied. L'emploi était souvent de « complaisance » ; autrement dit, on se trouvait en présence d'un professionnalisme balbutiant. L'amateurisme, le « foot pur » derrière lequel se réfugient aujourd'hui les romantiques de ce sport et beaucoup de supporters ultras, était l'affaire des aristocrates. L'idée qu'on puisse changer de club pour de l'argent les répugnait. L'amour du maillot, la loyauté à un club, c'est historiquement la valeur des « riches ». Les « gentlemen » voulaient un foot désintéressé. Une attitude qui aurait conduit de fait, si elle avait perduré, à écarter les classes populaires du football. Comment, en effet, se consacrer au foot à temps plein et être performant sans être défrayé ?

En gros, sans le business, le foot serait resté l'affaire de la classe aristocratique. Plutôt qu'une rupture entre les deux mondes, le différent donne lieu à une entente dès 1885. Un professionnalisme encadré sera accepté. On parle déjà à l'époque d'encadrement des salaires et d'un contrôle des transferts des joueurs. Le joueur qui change de club pour de l'argent, ça ne date donc pas de l'apparition d'un foot business tombé de la dernière pluie. Ce n'est pas le Qatar qui a inventé ça. Les ouvriers des usines de l'époque sont les ancêtres des jeunes d'aujourd'hui, issus souvent de quartiers difficiles, qui voient dans le foot la possibilité de s'extraire au moins financièrement de leur condition sociale d'origine.

Ce foot business, c'est souvent celui d'un club adossé à une industrie. Ce sera le cas, par exemple, du Saint-Étienne des années 70. De Sochaux et de sa relation avec Peugeot. L'autre modèle sera celui du type qui a réussi et qui s'achète une danseuse. Quand il n'a plus de blé, il se retourne vers la collectivité locale. Et quand il n'y a plus rien, il ferme la boutique.

Nouveau virage au début des années 80. Jean-Luc Lagardère lance le Matra Racing. Un Racing revisité avec « naming », déjà ! L'industriel sort le carnet de chèques et achète des stars. La masse salariale explose. Quelques années plus tard, l'aventure finira dans le mur. La danseuse de Lagardère a coûté beaucoup trop cher. Mais le problème, ce n'est pas l'argent. C'est comment il a été utilisé. L'auteur italien Alberto Moravia disait : *« Pour gagner de l'argent, il faut une compétence. Pour le dépenser, il faut une culture. »*

On en revient toujours au même point. Le manque de culture, d'histoire de notre football. Ce Matra Racing n'avait aucune structure, aucune histoire, aucun passé à raconter. Le club avait changé plusieurs fois de nom depuis la guerre et ses heures de gloire remontaient à plusieurs décennies. Son dernier titre datait en effet de 1949.

La course au fric des années 80 va mener tout le monde dans le ravin. L'OM de Tapie, le Bordeaux de Claude Bez, et avant eux le Saint-Étienne de Roger Rocher, combien de nos clubs vont se ruiner en ayant dépensé sans bien compter ? La fragilité économique de nos clubs est un sujet central. On a fabriqué des séquences de réussite plus ou moins longues, mais qui se sont à chaque fois mal terminées. On a construit de la victoire à crédit.

Une exception : l'OL bâti par Jean-Michel Aulas à partir de 1987 échappe à cette triste règle.

C'est au moment où nos clubs traversaient leur meilleure période sportive, les années 90, que l'arrêt Bosman est tombé. Comme une mauvaise nouvelle à laquelle on n'a pas su faire face. Le marché s'ouvre complètement. Il n'y a plus de limites à la circulation des joueurs. Fragiles, nos clubs sont sollicités et vendent. Les joueurs veulent partir. C'est comme une ruée vers l'or qui s'offre à eux. Comment refuser d'aller vers des pays où le foot occupe une place plus importante ?

Au début des années 90, l'émission de foot la plus marquante de la télé s'appelle *L'Équipe du dimanche*. Une ode au foot européen. Après 22 h 30, le dimanche soir sur Canal, c'est le vrai foot. On rêve devant les « grands formats » du foot italien. Les stades pleins, l'ambiance, la folie. Ça fait envie. On vibre avec le Barça de Cruyff, le Manchester de Cantona. La culture foot a l'air tellement plus importante ailleurs. Toute une génération d'amateurs de foot a été marquée par cette émission. Peut-on imaginer que les joueurs soient passés au travers ? Il n'existe nulle part ailleurs en Europe une émission qui glorifie autant le foot des voisins. On l'a fait et c'était une super idée. Mais c'est un marqueur. Cela nous positionne. On se juge inférieurs aux autres. Le terreau culturel d'un abandon du foot national prend forme. Nos meilleurs joueurs sont à l'étranger. À la fin des années 90, Arsène Wenger devient le manager d'Arsenal. Ça marche bien pour lui et pour les Français qui évoluent dans son équipe. Le club londonien devient comme une équipe française. Le journal *L'Équipe* détache des journalistes à Londres pour suivre Arsenal.

Avoir les droits de diffusion du foot anglais devient un enjeu. J'étais à TPS quand on a obtenu le droit de diffuser Thierry Henry à la télé. Un événement pour le groupe TF1, qui n'a jamais rien compris au foot. Je me souviens de l'édito du patron dans le magazine interne de la chaîne. Il se réjouissait de pouvoir montrer sur nos chaînes *« les exploits de Patrick Henry »* ! Si si, ça a bien été imprimé comme ça. Bon, il faut dire que le célèbre criminel était revenu dans l'actualité à cette époque-là. Mais on s'est quand même dit qu'on était dirigés par des gens dont le foot était une passion datant de la veille au soir.

Notre foot stagne, n'évolue pas, on s'ennuie, mais on s'en fout car à l'étranger, c'est bien. On est contents de vendre des joueurs aux autres. Le supporter français est heureux de voir un joueur qu'il a « eu » briller dans un autre club. Du coup, il devient supporter de l'autre club. On exporte de l'attachement et donc du business. La France est le seul pays avec autant de supporters de clubs étrangers. Dans son offre foot, un diffuseur se doit d'avoir du foot européen ; sinon, pas sûr que la L1 suffise à attirer des abonnés. C'est tout ce processus qui a conduit la L1 à devenir un championnat de seconde zone.

Un coup d'œil sur le classement des ventes de maillots en 2019 en France peut filer les jetons. Dans le top 10, on trouve le PSG et l'OM, puis viennent Barça, Juventus, Liverpool, Real, Inter. Saint-Étienne est huitième ! Et l'OL ? Quatorzième ! Terrible.

Traditionnellement, les grandes fortunes ne viennent pas au foot. La famille Pinault fait exception. C'est une sorte de mécénat, un geste fort et un attachement à la région Bretagne. Après des années de galères, le club détenu par la municipalité est racheté par l'industriel en 1998. Vingt-deux ans plus tard, le club touche concrètement le niveau européen. Un chemin de croix fait de choix parfois sidérants. Combien de présidents ont été nommés alors qu'ils ne connaissaient absolument rien au foot ? Pourquoi ? Un mystère.

Notre foot, c'est plutôt l'histoire de baronnies locales. Un peu d'industrie, un peu de petits patrons, beaucoup de gouffres financiers, doit-on trouver étonnant que petit à petit plus personne n'ait voulu venir tenter l'aventure ? L'époque est désormais aux investisseurs étrangers, américains, chinois. Ils ont encore moins de « culture foot » et assument totalement le modèle droits télé + vente de joueurs. L'histoire, la création d'un ancrage local, le lien avec les supporters importent peu ou pas.

Le problème fondamental du football tient à ce que dans ce secteur, les plus riches ne sont pas les employeurs, mais les employés. Le problème de fond reste la faiblesse économique des clubs. La valeur la plus importante, c'est souvent le joueur. Comme s'il tenait tout l'édifice à lui seul, ce qui lui donne une emprise disproportionnée sur la bonne marche de l'entreprise. Quand le club n'est pas aux mains d'un président fort, mais d'actionnaires, le sportif passe au second plan. Ce qui importe alors, c'est que le joueur ne perde pas de valeur. Pas plus con qu'un autre, le joueur sait ce qu'il vaut et sent bien qu'il n'est pas dans un projet collectif. Logiquement, il pense donc à sa valeur et à sa carrière. L'actionnaire n'est pas là pour éponger les pertes à la fin du mois.

Un groupe est solide par sa force industrielle propre, pas par ses actionnaires.

Aujourd'hui, le salut du foot français peut venir de la création d'une ligue fermée, semi fermée, semi ouverte, je ne suis pas arrêté sur l'appellation. Ce dont je suis certain, c'est qu'en l'état, notre foot ne vaut plus rien. Il n'a plus aucun intérêt sportif. Plus que tout autre championnat, la France a intérêt à intégrer une ligue supranationale. Aujourd'hui, la compétition n'existe que dans le regard des hypocrites qui entretiennent de vieux mensonges autour d'un combat contre l'élitisme. Comment nier le constat qu'en Europe, on ne rivalise plus ? Jouer la troisième place de la phase de poules, c'est un objectif ? Un bon parcours d'un de nos clubs en dix ans, c'est valorisant ? Le PSG, notamment en raison du faible niveau de la L1, n'est pas allé au-delà des quarts de finale en huit ans ! L'OL n'a joué que trois fois les huitièmes de finale. En 2011, 2012 puis plus rien jusqu'en 2020. Et on parle là de nos deux meilleurs représentants au niveau européen. Jean-Michel Aulas sait très bien tout cela. Il ne vise rien d'autre qu'un huitième de finale dans la compétition reine. Il sait que plus haut, ce n'est pas pour lui. Aller plus loin, c'est peut-être même handicapant par rapport au championnat dans lequel l'OL doit absolument assurer une place sur le podium pour pouvoir revenir en Ligue des Champions ! La bonne rentabilité, ce n'est pas d'aller en quart de finale.

C'est de participer à la Ligue des Champions, sans perdre des forces au printemps pour ne pas rater la fin du championnat.

Une ligue semi fermée européenne, qui permettrait d'envisager une présence sans faille au plus haut niveau, favoriserait en revanche un investissement plus massif. C'est la même chose pour l'OM, l'autre club français qui possède un gros potentiel de développement. Cela permettrait à ces clubs d'intégrer un cercle élitiste qui leur offrirait une chance d'exister. Il vaut mieux manger à la table des puissants que de traîner près des cuisines en attendant les restes.

J'ai fait partie du cercle des puristes pour qui la ligue fermée était antinomique de mon sport. Mais face à notre modèle économique, à la nullité de nos dirigeants, à leur incapacité à faire évoluer leur club, je ne vois pas d'autres solutions que cette forme de dopage industriel. Paris, Lyon et Marseille y ont un intérêt notable. En quoi ça tuerait le championnat ? Il est déjà agonisant. Le PSG-Dijon est indispensable à la vie du supporter bourguignon ? Le Dijonnais a le droit, lui aussi, de voir des stars. Mais combien de temps on va lui faire croire que le PSG joue le jeu à fond lorsqu'il vient chez lui, une fois par an ? Heureusement d'ailleurs, car s'il jouait vraiment, le score serait tellement lourd que le match aurait encore moins d'intérêt qu'il n'en a aujourd'hui. On raconte trop de mensonges, on entretient trop de fausses histoires. On nie la réalité au lieu d'avancer, de se poser les bonnes questions. Que l'Angleterre n'ait pas besoin de cette ligue supranationale pour exister, vu son niveau, ça se comprend parfaitement. Mais nous ? Il paraît que les supporters sont attachés à leur club. D'abord, personne ne les fera disparaître et la Ligue 1 existera toujours. La compétition sera peut-être plus serrée, en tout cas pas moins intéressante. Quel est l'argument contre ? Les trois soirs dans l'année où le stade est plein quand Paris, Lyon et Marseille débarquent ? Ils viendront encore, peut-être avec une équipe modifiée, c'est vrai. Mais c'est ce que fait quasiment toujours le PSG, désormais. Et puis surtout, on sait bien que ce n'est pas la billetterie qui fait vivre les clubs. Alors quoi ? C'est l'événement que constitue la venue du PSG dans le petit club qui disparaît ? Le champagne en tribunes officielles sera moins frais ? Foutaises.

Un Strasbourg-Rennes n'intéresse que les supporters des deux clubs. Et n'allez pas regarder les audiences d'un tel match, ça pourrait vous foutre les jetons. La centième diffusion d'un épisode de *Columbo* sur TMC fait davantage ! N'oublions pas que les droits de diffusion de notre foot à l'international naviguent autour de 80 millions. Une broutille. La Liga vend les siens dix fois plus !

Au lieu de réfléchir à ça, on cherche des solutions ailleurs. Dans l'idée qu'il faut réformer le foot. Comment ? En France, ça signifie toujours avec moins d'oseille. Chasser le diable ! Alors on parle de réduire les salaires. Une utopie. On perdra encore plus de joueurs. Ah oui, nos penseurs imaginent toujours qu'ils vont convertir les autres pays. L'arrogance française. C'est comme durant la crise sanitaire, on pensait que les autres pays feraient comme nous. À la fin, on est toujours seuls comme des cons avec notre arrogance !

À chaque fois que l'on a voulu une harmonisation par le bas, cela a échoué. Personne n'adhère. La seule manière de s'en sortir, c'est de tirer vers le haut. Le foot français ne peut pas s'en sortir tout seul, il le pourra avec l'Europe parce qu'il dépend d'elle du point de vue des transferts. Il faudrait juste penser à notre avenir sportif au lieu de toujours penser que le diable se cache dans l'argent. L'argent des transferts, le trading des joueurs, c'est plus propre que d'envisager une ligue semi fermée ?

***

Envisager une suite positive à l'histoire semble impossible. Nos clubs se sont enfermés dans un engrenage qui les aspire vers le néant. Tout l'édifice repose sur le nouveau contrat télé de Mediapro. Depuis la signature de cet accord, la rumeur ne cesse d'enfler que le groupe sino-espagnol n'ira pas au bout. Les études de marché indiquent que le dispositif ne sera pas rentable, que les gens ne vont pas dépenser 25 euros par mois pour la Ligue 1.

En attendant le chèque, les clubs font signer des jeunes. De plus en plus jeunes. On ne termine même plus la formation, de peur qu'ils ne partent à l'étranger. Il faut dire que la nouvelle tendance est terrible. Les jeunes ne signent plus leur premier contrat pro dans leur club formateur. Le vieil accord tacite qui valait comme acte de reconnaissance est tombé. Si les clubs ne touchent plus que l'indemnité de formation, c'est un des piliers financiers du foot qui menace de s'écrouler. Nos jeunes joueurs ne veulent plus jouer en L1 et dans nos clubs transformés en usines de produits bon marché.

Face à cette situation, le supporter est amené à se détourner de notre foot. Le rapport affectif disparaît peu à peu. À quoi s'attacher ? À une équipe qui aligne des joueurs comme une grande surface présente son offre de melons au début de l'été à l'entrée du magasin ?

Sans l'affect, sans le lien avec le club, c'est la consommation du foot qui change. On prend des bouts de matches, on soutient des bouts d'équipes. On enfile le haut de survêtement de l'OM, la casquette du Bayern et le bas du PSG. Honnêtement, j'exagère à peine. Dans le prochain contrat télé, on mentionne peu que l'opérateur Free a obtenu un lot à voir sur téléphone portable qui offre aux abonnés environ 30 minutes de match. Les buts en différé et les meilleures actions. Après tout, c'est bien assez pour profiter d'un match de L1.

Aux USA, on parle de diffuseurs luttant pour obtenir les droits du dernier quart temps des matches NBA. On tranchera bientôt le produit comme un saucisson.

Pendant qu'on divague sans cesse sur la régulation du foot, c'est une horrible vision néo-libérale qui s'impose. Un virage qu'on prend en pleine tronche car on n'a rien préparé. Rien anticipé. On n'a pas travaillé la formation, le jeu, l'identité des clubs. On n'a pas réfléchi à la compétitivité, l'attractivité. À force de laisser-aller, notre foot n'a fait que se dégrader, s'accrochant à son image à travers l'équipe de France et les rares et épisodiques aventures européennes de quelques clubs. Au lieu de parler d'une régulation et de rêver bêtement qu'on est assez forts pour l'imposer aux autres en Europe, il faudrait penser à nous et à ce qu'on peut faire. Et là, on est au-delà des États généraux, des Grenelle, des Ségur, des plans Marshall. Mais je ne crois plus à une démarche collective. Il n'y a pas d'hommes assez forts dans notre football pour entreprendre une réflexion globale. Chacun fera donc au mieux dans son coin, en continuant de se plaindre. Comme d'habitude. À force de viser le peu, on n'aura bientôt plus rien.

ÉPILOGUE

Les Bleus ne servent même plus de couverture. L'arbre qui cache la forêt a perdu ses feuilles.

Après le sacre au Mondial 2018, on a tout vendu. Du moins, on a essayé. On a tout mis en vitrine. Liquidation totale. Les joueurs, les clubs. Il fallait profiter des Bleus pour mettre en lumière notre football. On a inventé la « Ligue des Talents ». Il n'y avait plus qu'à convoler avec Mediapro. Le diffuseur sino-espagnol à peine arrivé et à qui on avait vendu du rêve. Mais comme prévu, c'est nous qui avons acheté un rêve qui a viré au cauchemar.

Un an après, au moment où ce *Cher football français* sort en livre de poche, notre foot se porte toujours aussi mal. Pire ? Certainement !

Nos résultats en Coupe d'Europe sont toujours aussi médiocres. Le PSG sauve l'indice UEFA et l'empêche de sombrer dans les ténèbres. Après son parcours incroyable en Ligue des Champions à l'été 2020, le deuxième club français, l'OL, s'apprête à commencer une deuxième saison de suite sans jouer la Ligue des Champions. Anormal, incompréhensible ! Je pèse mes mots, le bilan de Lyon depuis 2010 est mauvais. Une petite Coupe de France en 2012, et des participations anecdotiques en Coupe d'Europe. Avec un budget de plus de 200 millions, l'OL ne peut pas se contenter de ça. Mais comme il paraît qu'Aulas est le meilleur président de notre foot…

Marseille a vécu son énième révolution interne. Les supporters se sont rebellés face à un football qu'ils ne comprennent plus. Eyraud, le président qui ne comprenait pas grand chose au foot, a été chassé. Une fois de plus, il va falloir tout reconstruire en actant que désormais l'OM est un club du troisième, voire quatrième chapeau européen. Avec le nouveau président, Pablo Longoria, on joue à *Foot manager*. On n'achète plus de joueurs, on vend ce qu'on peut et on loue, on emprunte. Le foot moderne semble devenir un football en leasing.

En France, un seul modèle semble exister : le trading. Gérard Lopez et Luis Campos ont sacralisé le modèle. La seule richesse vient des joueurs et des mouvements sur le marché des transferts. Viré de Lille par les propriétaires invisibles, Lopez peut affirmer qu'il a permis au LOSC de devenir champion. Un véritable exploit sportif. Une telle victoire fait oublier aux supporters les dérives financières et les dettes. De toutes façons, il n'y a pas d'autres modèles viables en France. Lopez est parti reprendre Bordeaux, club en perdition, en espérant mettre en place la même méthode.

À Lille, le succès n'aura pas de lendemain. Le LOSC va aller en Ligue des Champions avec une équipe diminuée par les départs, les ventes. Le 5 juillet 2021, le champion de France n'avait même pas trouvé de coach. Par défaut, Jocelyn Gourvennec a finalement été nommé.

La faillite de Mediapro a provoqué une panique financière dans tous les clubs. Le nouveau président de la LFP, Vincent Labrune, a pour mission d'éviter les banqueroutes et de trouver de l'argent. La guerre avec Canal+ et le chantage du partenaire historique ont provoqué le divorce. Le foot français s'est marié avec Amazon pour l'essentiel de ses affiches. Mais pour 250 millions d'euros seulement. Une misère. Pour arriver à un peu moins de 700 millions, la LFP et les clubs comptent sur BeIn Sports. Le Qatar est le vrai sauveur du foot français depuis dix ans, mais on ne veut pas le dire trop fort. Ça fait mauvais genre. C'est mieux d'en dire du mal et de prendre l'argent. Officieusement, Nasser Al-Khelaïfi est aussi président de la LFP.

On ne sait pas comment Amazon va diffuser notre foot. Quelle en sera la visibilité ? Comment le géant US va-t-il transformer le produit ? De toutes façons, on sait bien qu'il n'y a que Paris, Marseille et un peu Lyon qui comptent au moment de parler oseille.

On a donc passé un an à parler fric. Celui qu'on n'a pas et qu'on n'a eu que virtuellement avant que Mediapro s'échappe. Pourtant, avec 650 millions, le football français sera toujours beaucoup plus riche que les foots portugais, belge, néerlandais, ukrainien, tchèque… Tous ces pays contre lesquels on se plante régulièrement en Coupe d'Europe. On reste toujours le championnat le plus riche derrière l'Angleterre, l'Italie, l'Espagne et l'Allemagne.

On pourrait donc ne pas voir tout en noir. Il paraît qu'on a un réservoir de joueurs unique au monde. C'est une richesse, ça !

On pourrait axer notre foot sur le jeu. Faire évoluer notre formation, joueurs et entraîneurs vers un modèle de jeu attractif. Peu de fric, mais du plaisir. Des clubs comme l'Atalanta, l'Ajax pourraient nous inspirer.

Mais pour ça, il faudrait que la DTN y pense. Noël Le Graët a été réélu à la présidence de la FFF mais n'a jamais évoqué aucun sujet lié au jeu. Ce n'est pas son affaire. Il est visiblement content de ce qu'il se passe à la DTN, à savoir rien ! Personne ne se remet en cause à la FFF. Les Espoirs et les Bleus ont échoué lamentablement en ayant, paraît-il, des joueurs que la Terre entière nous envie, mais rien, il ne se passe rien ! Et comme un symbole, Raymond Domenech, l'homme clé de la formation désastreuse de nos entraîneurs depuis plus de vingt ans, a retrouvé un banc. Une poignée de matches à Nantes, juste le temps de faire rire tout le monde.

Rien n'a changé, bien au contraire donc. Pas même le début d'une piste depuis la sortie du livre en septembre 2020. « Il n'a qu'à prendre un club, Riolo, au lieu de se plaindre tout le temps ! » Quand je lis cette phrase, à chaque fois, ça m'agace. Je sais que journaliste n'est pas un métier vraiment respecté dans notre pays, mais il existe ! On a le droit d'observer, de constater, de dire ce qui marche ou pas. Être dans l'action ? Pas dans un club, pas à la LFP, ni à la FFF. Le ministère ou rien ! Je suis prêt.

Merci à :

Gilbert Brisbois
Jérôme Thomas
Jérôme Rothen
Toute la bande de l'*After*
Momo Bouhafsi
Julien Mette
Julien Müller
Yacine Hamened
Azedine Djerrari
Thomas Nlend
Polo Breitner et Isabelle Rabineau
Hugues de Saint Vincent
Arthur de Saint Vincent
Bertrand Pirel
Pascal Praud
Éric Neuhoff

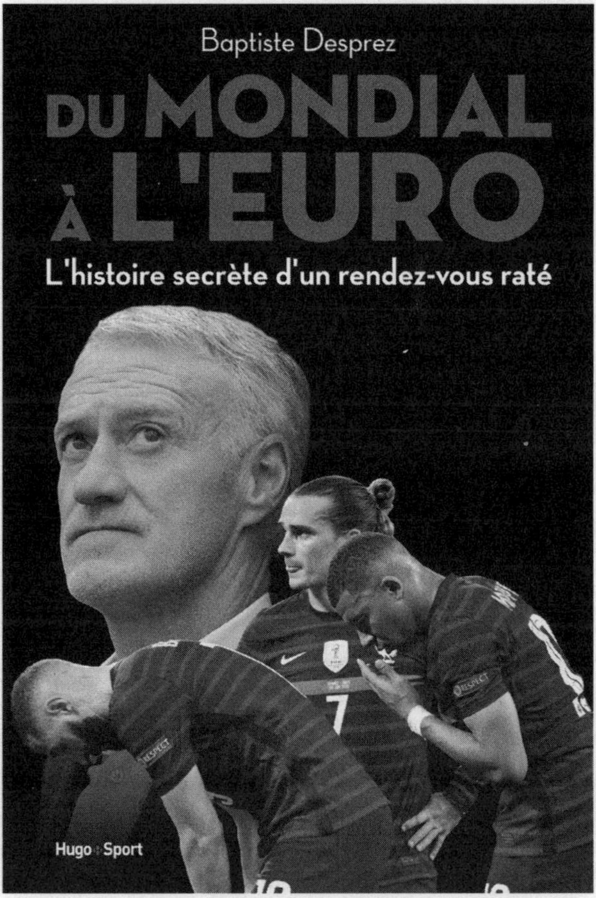
Baptiste Desprez
DU MONDIAL À L'EURO
L'histoire secrète d'un rendez-vous raté
Hugo Sport

Composition et mise en pages
Nord Compo à Villeneuve-d'Ascq